Heinrich Harburger

Der strafrechtliche Begriff Inland und seine Beziehungen zum Staatsrecht

Habilitationsschrift

Heinrich Harburger

Der strafrechtliche Begriff Inland und seine Beziehungen zum Staatsrecht
Habilitationsschrift

ISBN/EAN: 9783743615038

Hergestellt in Europa, USA, Kanada, Australien, Japan

Cover: Foto ©Suzi / pixelio.de

Weitere Bücher finden Sie auf **www.hansebooks.com**

Inhalts-Verzeichniss.

			Seite
Einleitung		. . . .	1

I. Im Einheitsstaat.

1. Nebeneinanderbestehen mehrerer Strafgesetze.

§ 1.	a. Bedeutung desselben im Allgemeinen . . .	8
	b. Folgen einer Einverleibung.	
§ 2.	α. Im Allgemeinen	13
§ 3.	β. Bezüglich des Rückfalls	20
§ 4.	2. Inland im Sinne der Polizeivorschriften	26
§ 5.	3. Inland im Sinne des Strafrechts von Staats-Dependenzen .	27

II. In Staaten-Verbindungen.

1. Bei Staaten-Vereinigung.

§ 6.	a. Begriff und Arten derselben	30
§ 7.	b. Bedeutung derselben für den Inlands-Begriff . .	34
	2. Im Bundesstaat.	
§ 8.	a. Begriff desselben	37
§ 9.	b. Bedeutung dieses für den Inlandsbegriff . . .	40
	α. Inland im Sinne des Reichsrechts.	
§ 10.	aa. Einfluss der Bildung des norddeutschen Bundes, insbesondere des Art. 3 der Verfassung desselben	41
	bb. Einfluss der Einführung des Bundesstrafgesetzbuches und der Reichsverfassung.	
§ 11.	αα) Im Allgemeinen	46
§ 12	ββ) Insbesondere auf die Lehre vom Rückfall .	53
	cc. Gegenseitiges Verhältniss der deutschen Bundesländer zu einander.	
§ 13.	αα) Im Hinblick auf § 79 des Reichs-Strafgesetzbuches	59
§ 14.	ββ) Bezüglich politischer Verbrechen . .	60
§ 15.	β. Inland im Sinne des Landesstrafrechts . . .	63
§ 16.	γ. Inland im Sinne der Blankett-Strafgesetze . .	68

Einleitung.

Nächst dem Problem über die Beibehaltung oder Abschaffung der Todesstrafe hat, wie die Geschichte der jüngsten strafrechtlichen Gesetzgebungswerke auf den ersten Blick hin ersehen lässt, in neuerer Zeit kein Gegenstand die allgemeine Aufmerksamkeit in höherem Grade auf sich gelenkt, als die dem sogenannten internationalen Strafrechte gewidmeten Bestimmungen. In naturgemässer Folge hievon zeigte sich auf diesem Gebiete alsbald eine tiefgehende Verschiedenheit der Anschauungen, wobei nicht nur die einschlägigen Doktrinen der früheren Zeit wieder auflebten, sondern auch manche neue Ansichten zu Tage kamen.

In Deutschland trat diese Erscheinung binnen kurzer Zeit zweimal auf, nämlich bei Schaffung des nunmehrigen Reichsstrafgesetzbuches in den Jahren 1869 und 1870[1]) und gelegentlich der Novelle zu demselben vom 26. Februar 1876[2]).

Ebenso boten in Italien die verschiedenen Versuche, ein einheitliches Strafrecht herzustellen, den Gesetzgebungsfaktoren

---

[1]) Vergl. hiezu die bei Wächter, Beitrag zur Geschichte und Kritik der Entwürfe eines Strafgesetzbuches für den Norddeutschen Bund S. 18 ff. und S. 74 angegebene Literatur; dessen eigene Ansicht, S. 74 ff., sowie besonders Binding, der Entwurf eines St.G.B. für den norddeutschen Bund S. 116 ff. — S. ferner Verhandlungen des Reichstages des Norddeutschen Bundes 1870, Bd. I S. 157 ff.; Bd. III (Drucksachen Nr. 5) S. 31 ff. und Anlage 1 hiezu S. VI ff.

[2]) Vergl. C. Fuchs, zur Revision des deutschen Strafgesetzbuches; ferner Verhandlungen des deutschen Reichstages 1875/76, Bd. I S. 397 ff., S. 621 ff.; Bd. II S. 1307 ff.; Bd. III (Drucksachen Nr. 54) S. 161 ff.

und der Wissenschaft Anlass, eine wiederholte Besprechung und Prüfung der mannigfaltigen Ansichten vorzunehmen[3]); endlich liessen insbesondere der neueste Entwurf eines Strafgesetzbuches für das Königreich der Niederlande und dessen, gegenüber dem bisherigen Rechtszustande ziemlich weitgehende, Normen über das Herrschaftsgebiet der Strafgesetze[4]) es wünschenswerth erscheinen, diese Lehre einer neuerlichen Untersuchung zu unterziehen.

Hiebei drängte sich in Bälde die Erkenntniss auf, dass eine erschöpfende und erspriessliche Behandlung derselben nur vermittelst eines Zurückgehens auf den Rechtsgrund der Strafe und des staatlichen Strafrechtes zu hoffen stehe. Gleichzeitig aber machte sich das Bedürfniss fühlbar, den Begriffen Inland und Ausland, welche gewöhnlich einer näheren Betrachtung nicht gewürdigt und als ganz klar behandelt werden, eine genauere Prüfung zu Theil werden zu lassen. Diese ergab das überraschende Resultat, dass nicht einmal die natürlichen Grenzen des Inlandes unbestritten feststehen, geschweige denn, dass über den Einfluss der staatsrechtlichen Verhältnisse auf diesen Begriff vollkommene Klarheit bestünde. Ohne solche mangelt aber begreiflicher Weise jeder Untersuchung über den

---

[3]) Vergl. Manfredini, estraterritorialità del diritto penale (archivio giuridico, vol. X p. 153 sequ.; Geyer, considerazioni critiche (rivista penale, vol. I p. 262 sequ.); Lucchini, diritto penale internazionale (ebenda pag. 312 sequ.); Giampaolo Tolomei, studi intorno al progetto del codice penale pel regno d'Italia (ebenda vol. VII p. 5 sequ.); ferner die offiziellen Publikationen „Progetto del codice penale del regno d'Italia, presentato ... dal ministro ... Mancini con la relazione ministeriale", p. 40 sequ. und „Progetto del codice penale del regno d'Italia, sunto delle osservazioni e dei pareri della magistratura, delle facoltà di giurisprudenza etc." p. 34 sequ. (1877). — auch abgedruckt in der rivista penale vol. VI pag. 223 sequ.; — endlich den der eben genannten Zeitschrift beigegebenen fascicolo supplementare al vol. V., pag. VI sequ.

[4]) Ontwerpen van een wetboek van strafregt en daartoe behoorende wetten met toelichting, s'Gravenhage 1875, S. 158 ff.; vergl. auch meine Besprechung desselben im Gerichtssaal Bd. 29 (1877) S. 215 ff., insbesondere S. 228 ff.

angemessenen und naturgemässen Geltungsbereich der Strafgesetze ihre unentbehrlichste Grundlage.

Wie wir nun in jüngster Zeit den Versuch gemacht haben, zur Fixirung der Ausdehnung desselben für den Fall, dass eine Angrenzung an das Meer stattfindet, einen Beitrag zu leisten [5]), so soll im Folgenden, vorzüglich in Anwendung auf die modernen deutschen Verhältnisse, an der Hand und unter Berücksichtigung der Grundbegriffe des Staats-Rechtes die Bedeutung dieser für den strafrechtlichen Begriff Inland einer grösseren Bestimmtheit entgegengeführt werden.

Was bisher in dieser Richtung geschehen ist, schloss sich gewöhnlich an besondere Anlässe an. Die grosse Zahl von wichtigen und auch für das Staatsrecht interessanten politischen Vorgängen der neueren Zeiten legten es aber, wie sie die Studien über das Staats-Recht selbst wiederum neu belebten, auch nahe, deren Einwirkungen auf andere Rechtsgebiete eine eingehendere Untersuchung zu widmen.

Die nachfolgenden Betrachtungen werden nicht selten den Beweis liefern, dass eine gesonderte Prüfung des letztangedeuteten Verhältnisses entschieden geboten ist. Man hat sich zuweilen allzuschnell verleiten lassen, die Begriffe der einen Disziplin ohne weitere Skrupel über die Zulässigkeit eines solchen Vorgehens auf Fragen einer anderen anzuwenden.

Bezüglich mancher civilrechtlicher Begriffe, wie Besitz, Vermögensnachtheil und dergleichen, hat sich die Unangemessenheit einer unveränderten, unterscheidungslosen Herübernahme derselben auf das Gebiet des Strafrechts schon oft herausgestellt und sich so Gelegenheit geboten, durch Beleuchtung der Folgen eines solchen Verfahrens vor demselben zu warnen.[6])

---

[5]) „Studien über einige Fragen des Seestrafrechtes" in v. Holtzendorff und Brentano, Jahrbuch für Gesetzgebung, Verwaltung und Volkswirthschaft im deutschen Reiche, N. F. Bd. II, Heft 1, S. 33 ff.

[6]) Vergl. hiezu besonders Hälschner, System des Preussischen Strafrechts, Th. II, § 69 Anm. 1 u. 2 (Bd. III S. 429 ff. seines Werkes

Ein ähnliches Verhältniss besteht aber auch in Ansehung mancher Begriffe des Staatsrechts.

Es kommt nämlich nicht selten vor, dass die staatsrechtliche und die strafrechtliche Gesetzgebung nicht gleichen Schritt halten. Insbesondere bei neuen staatlichen Bildungen oder sonstigen Vorgängen ähnlicher Art werden naturgemäss zumeist vor allem Anderen die, durch dieselben angeregten verfassungsrechtlichen Fragen geregelt, während man ihre Konsequenzen für die anderen Rechtsgebiete gerne erst zu einer Zeit zieht, in welcher sich die Gemüther bereits mehr beruhigt und die neuen Zustände einen gewissen Grad der Konsolidation erreicht haben.

Bleiben auf diese Weise die strafrechtlichen Gesetze der früheren Zeit, welche nur die zur Zeit ihrer Erlassung bestehenden Verhältnisse im Auge haben, auch nach einer bedeutenden Veränderung oder Ersetzung dieser letzteren durch neue Schöpfungen noch in Kraft, während die neben ihnen geltenden staatsrechtlichen Bestimmungen bereits die neue Gestaltung der Dinge berücksichtigen, so ist es leicht erklärlich, dass Begriffe, welche beiden Gebieten gemeinsam sind, rücksichtlich ihrer Bedeutung nicht ganz congruiren.

Dies gilt nun vorzugsweise von dem Begriffe „Inland".

Gewöhnlich wird die Bedeutung derselben lediglich von staatsrechtlichen Gesichtspunkten aus festgestellt, und demzufolge darunter das ganze jeweilige Gebiet eines Staates verstanden. Für Gegenstände des Staatsrechts ist dies auch vollkommen zutreffend, da das ganze einer Staatsgewalt unterworfene Gebiet im Zweifel als ein einheitliches Ganzes bezüglich der inneren Organisation nach den nämlichen Regeln und Gesetzen zu beurtheilen und zu behandeln ist. Legt man aber unter den erwähnten Umständen auch bei Entscheidung strafrechtlicher Fragen jenem Begriffe ohne Weiteres diesen Inhalt zu Grunde, so kann dies häufig eine Auslegung der bezüg-

---

„das Preussische Strafrecht"); Merkel in v. Holtzendorffs Handbuch des deutschen Strafrechts Bd. III S. 638 ff., S. 648 ff., S. 758 ff.; Bd. IV S. 432 ff.

lichen Gesetzesbestimmungen zur Folge haben, welche den für den Gesetzgeber bei ihrer Aufstellung massgebenden Intentionen zuwiderläuft.

Es werden manche Bestimmungen für und in Bezug auf das „Inland" schlechthin aufgestellt, weil das Gesetz gewöhnlich von der Voraussetzung der Kontinuität der bestehenden Verhältnisse ausgeht. Ebendesshalb ist es für den Fall einer Veränderung der letzteren nicht selbstverständlich, dass es dem Willen des Gesetzgebers entspreche, nunmehr auch die neuen Zustände nach den bisherigen Gesetzen ohne Weiters zu bemessen. Vielmehr spricht die Vermuthung dafür, dass er mit diesen nur die zur Zeit ihrer Erlassung bestehenden Verhältnisse treffen wollte.

Wir werden im Folgenden zu öfteren Malen, namentlich bei Betrachtung der Verbrechen im Rückfalle (§§ 3 und 12) Gelegenheit haben, die eben erörterte Thesis eingehender zu begründen. Möge es daher erlaubt sein, an dieser Stelle vorerst den Beweis derselben als erbracht anzunehmen und die erste und nächstliegende Folgerung aus derselben zu ziehen.

Dieselbe geht nun dahin, dass der Begriff Inland nicht nothwendig für das Strafrecht immer dieselbe Bedeutung haben muss, als für das Staatsrecht, dass vielmehr unter Umständen darunter auch ein kleineres oder grösseres als das jeweils von einer Staatsgewalt beherrschte Gebiet verstanden werden kann. Da die Entscheidung der Frage, ob ein solcher Unterschied Platz greife, nach dem Gesagten davon abhängig ist, ob das Staatsgebiet noch denselben Umfang als zur Zeit der Emanirung des fraglichen Strafgesetzes habe oder nicht, so führt dies dazu, für solche Fälle unter „Inland" zu begreifen dasjenige Gebiet, für welches das in Frage stehende Strafgesetz erlassen worden ist[7]), über welches dasselbe absolut und exklusiv herrschen will, innerhalb dessen ihm

---

[7]) So auch der österreichische „Entwurf eines neuen Strafgesetzes über Verbrechen, Vergehen und Uebertretungen" von 1874, § 3: „Als Inland im Sinn dieses Gesetzes ist das Gebiet anzusehen, für welches dasselbe erlassen ist."

sämmtliche Personen, abgesehen von einzelnen subjektiven Exemtionsgründen, unterworfen sein sollen, gleichgültig ob sie sich dauernd oder nur vorübergehend in demselben aufhalten.

Die Möglichkeit einer Differenz des unter den Begriff Inland fallenden Raumes für Fragen des Staatsrechts einerseits und für solche des Strafrechts andererseits scheint schon längst gefühlt worden zu sein. Hat man es doch häufig für nothwendig erachtet, bei Verkündigung eines neuen Strafgesetzes, auch wenn dessen Geltungsbereich das jeweilige Staatsgebiet ganz umfassen sollte, dies noch ausdrücklich hervorzuheben. Zum Beweise hiefür möge Beispiels halber nur auf das Publikationspatent zu Karolina[8]) Bezug genommen, für die neuere Zeit aber auf die ersten Artikel der Einführungsgesetze zum preussischen Strafgesetzbuche vom 14. April 1851, zum bayerischen Strafgesetzbuche vom 10. November 1861, sowie zum Strafgesetzbuche für den Norddeutschen Bund vom 31. Mai 1870, ferner auf Art. 9 des bayerischen und § 8 des norddeutschen, jetzt deutschen Strafgesetzbuches verwiesen werden.

Der Grund zu der besonderen Betonung, dass die bezüglichen Gesetze für das ganze Territorium Wirksamkeit haben sollen, mag theilweise in der Rücksicht darauf gelegen sein, dass manchmal Gesetze nur für einzelne Theile des Staatsganzen erlassen werden.

Beispiele hiefür bilden die am 17. Juni 1796 erfolgte Einführung des „Strafgesetzbuches für Westgalizien", des Vorläufers des am 3. September 1803 für die gesammten deutschen Erblande Oesterreichs publizirten Gesetzbuches über Verbrechen und schwere Polizeiübertretungen, sowie aus der neuesten Zeit die nicht geringe Anzahl von Spezialgesetzen des Deutschen Reiches für Elsass-Lothringen.

In derartigen Fällen kann es leicht vorkommen, dass ein Gesetz nur die seinen eigenen Geltungsbereich berührenden Interessen in's Auge fassen und darum, besonders wenn das

---

[8]) „Vorrede des peinlichen Halßgerichts", verbis: „daß alle vnd jede vnser vnnd des Reichs vnderthanen sich hinfürter inn peinlichen sachen etc."

fragliche Territorium eine mehr oder minder bedeutende staatsrechtliche Sonderstellung einnimmt, unter „Inland" auch nur dieses verstanden wissen will. Unter solchen Umständen ist ebenfalls die oben gegebene Definition dieses Begriffes zutreffend:

Endlich kommt dieselbe auch dann in Betracht, wenn es sich um Anwendung der allgemeinen Grundsätze des Strafgesetzbuchs über das Herrschaftsgebiet der Strafgesetze auf solche Vorschriften handelt, die von einem Organe ausgegangen sind, welches nur eine räumlich beschränkte Competenz besitzt. Soll eine analoge Beurtheilung der einschlägigen Fragen erfolgen, so ist dies nur unter Zugrundelegung jener Begriffsbestimmung zu erreichen.

Alles Dieses führt zu der Erkenntniss, dass im Gegensatze zu dem Staatsrechte für das Strafrecht das Wort „Inland" bisweilen ein unbestimmter, relativer Begriff ist und dessen Präzisirung daher eine nähere Prüfung erfordert.

In den meisten Fällen wird, soferne nicht eine ausdrückliche Bestimmung vorliegt, die — im Art. 1 des code civil noch ausdrücklich aufgestellte — Präsumtion Platz greifen, dass die Gesetze im Zweifel für das ganze Staatsgebiet Wirksamkeit haben; zuweilen aber wird allein die Beschränktheit des Herrschafts- oder Competenzgebietes jenes Organes massgebend sein, von welchem die fragliche Vorschrift erlassen worden ist.

Es ist nur eine andere Formulirung für das bisher Erörterte, wenn wir sagen, es sei die Bedeutung des Begriffes Inland im Strafrechte eine von der des Staatsrechts verschiedene und man habe darunter dasjenige Gebiet zu verstehen, für welches das jeweils in Frage stehende Gesetz erlassen worden ist. Hat nemlich dasselbe Wirksamkeit für das ganze Staatsgebiet, so führt unsere Begriffsbestimmung zu demselben Resultate als die Anwendung der staatsrechtlichen Definition. Liegt aber einer der besprochenen Ausnahmsfälle vor und besteht also eine Differenz zwischen dem Geltungsbereiche des betr. Gesetzes und dem Umfange des Staatsgebietes, so ist nach unseren bisherigen Ausführungen nur vermittelst der eben aufgestellten Definition das richtige Resultat zu erzielen.

Die Betrachtung der verschiedenen Grundformen staatlicher Vereinigung wird neben der Bestätigung dieser allgemeinen Regeln auch deren Konsequenzen ersehen, zugleich aber auch die Eigenart jedes der einzelnen Grundtypen in ihrem Einflusse auf die Gestaltung des Inlandsbegriffes hervortreten lassen.

I. Im Einheits-Staat.
1. Nebeneinanderbestehen mehrerer Strafgesetze.
§ 1.
a. Bedeutung desselben im Allgemeinen.

Die durchgreifende Umgestaltung der staatlichen Verhältnisse Europas, welche vorzüglich der Anfang des gegenwärtigen Jahrhunderts mit sich brachte, vereinigte, insbesondere in Deutschland, nicht selten die heterogensten Stämme und Völker zu einem Staatswesen und unter derselben Staatsgewalt. Die fortwährenden Veränderungen, welche sich einige Zeit lang in der Zusammensetzung der einzelnen Staaten ergaben und erst mit der Wiener Kongressakte ihren vorläufigen Abschluss fanden, erschwerten natürlich die Herstellung einer innigeren Verbindung zwischen den verschiedenen Staatsbestandtheilen und zwangen, um dieselbe nicht noch mehr zu verlangsamen, zu schonender Behandlung mancher neu oder nach längerer Entfremdung wieder erworbenen Provinzen.

Wollte man nicht von vornherein auf eine gütliche Durchführung des Vereinigungsprozesses verzichten, so erübrigte nichts, als sich zunächst auf die staatliche Unifizirung zu beschränken und hinsichtlich der übrigen Gebiete sich auf die Zukunft zu vertrösten.

So war es auch zumeist die Rücksicht auf die Sympathien der linksrheinischen Bevölkerung für französisches Wesen und französische Rechts-Institutionen, welche die beiden grössten Staaten des neuen Deutschen Reiches, Preussen und Bayern, seiner Zeit davon abhielt, in jenen Landestheilen ihre altländische Gesetzgebung einzuführen.

Für Preussen mag vielleicht daneben noch die bereits im Jahre 1805 offiziell ausgesprochene [1]) Erkenntniss einer wesentlichen Verbesserungsfähigkeit und -Bedürftigkeit des Th. II. Tit. 20 des allgemeinen Landrechts massgebend gewesen sein; Bayern hingegen befand sich damals in der glücklichen Lage, erst kurz vorher durch Adoptirung des Feuerbach'schen Projektes seine Kriminal-Gesetzgebung mit den Forderungen der Zeit in Uebereinstimmung gesetzt zu haben.

In Folge der Konservirung des französischen Rechtes in den linksrheinischen Provinzen, welche längere Zeit unter französischer Herrschaft gestanden waren, zerfiel das einheitliche Gebiet dieser Staaten in zwei Theile mit wesentlich verschiedenen Gesetzgebungen, ein Zustand, der sich insbesondere auf dem Gebiete des Strafrechtes äusserst fühlbar machte [2]). Am 1. Juli 1851 [3]) jedoch trat in dieser Hinsicht in Preussen, am

---

[1]) Vergl. das Publikations-Patent zur Criminal-Ordnung vom 11. Dezember 1805.

[2]) Vergl. den Vortrag des Referenten Dr. Weiss über den bayerischen Strafgesetzentwurf von 1855, Verhandlungen des Gesetzgebungs-Ausschusses der Kammer der Abgeordneten des Königreiches Bayern 1856/57, Bd. I S. 6.

[3]) Dieser Tag war nicht vollkommen entscheidend, da in den Hohenzollernschen Landen auf Grund eines Gesetzes vom 30. April 1851 das neue Strafgesetzbuch erst am 1. Januar 1852 in Kraft trat. (Goltdammer, die Materialien zum St.G.B. für die preussischen Staaten Bd. I S. 4; Oppenhoff, das St.G.B. f. d. Pr. St. Nr. 1 zu Art. I des Einführungsgesetzes.)

Die anlässlich der Annexionen von 1866 neuerdings eingetretene Rechtsverschiedenheit wurde bekanntlich baldigst durch die Verordnungen vom 12. Dezember 1866 und 25. Juni 1867 wieder gehoben, in Gemässheit welcher in den neu erworbenen Landestheilen die preussische Gesetzgebung mit Wirksamkeit vom 1. Januar und resp. 1. September 1867 an eingeführt wurde.

1. Juli 1862 in Bayern mit Einführung der neuen Gesetzbücher eine gründliche Aenderung ein.

Hiedurch war im Wesentlichen das ungesunde Verhältniss, dass innerhalb eines Staates das Kriminalrecht im engern Sinne von zwei prinzipiell auseinandergehenden Grundanschauungen beherrscht wurde, für ganz Deutschland beseitigt.

Beinahe aber hätte die Herbeiführung der mit dem Strafgesetzbuche für den Norddeutschen Bund angestrebten Einheit neuerdings die Spaltung eines Staates in zwei verschiedene Rechtsgebiete nach sich gezogen. Das Grossherzogthum Hessen erfreute sich bereits seit dem 17. September 1841 eines seinem ganzen Gebiete gemeinsamen Strafgesetzbuches; der Umstand aber, dass nur ein Theil dieses Staates zum Norddeutschen Bunde gehörte, drohte ihm den Rückfall in die schon einmal glücklich beseitigte Rechtsverschiedenheit.

Allein dem deutsch-französischen Kriege und dessen für die Einigung unseres Vaterlandes so heilsamen Folgen war es zu danken, dass diese Gefahr hintan gehalten werden konnte; in dem Bundesvertrage von Versailles wurde am 15. November 1870 die Vereinbarung getroffen[4]), dass das norddeutsche Strafgesetzbuch am 1. Januar 1871 für ganz Hessen in Wirksamkeit treten solle.

Eine Ahnung von dem unnatürlichen Gegensatz, in welchem sonst die beiden Landestheile zu einander gesetzt worden wären, ermöglicht der Art. 45 des — im Uebrigen mit dem norddeutschen Bundesgesetze über Gewährung der Rechtshilfe vom 21. Juni 1869 materiell völlig übereinstimmenden — Rechtshilfevertrages zwischen dem Norddeutschen Bunde und Hessen vom 18. März 1870, insbesondere im Zusammenhalte mit dem Zusatzprotokolle vom 15. November desselben Jahres[5]).

Mit diesem und auf Grund des Reichsstrafgesetzbuches hat, hoffentlich für immer, Deutschland nunmehr das praktische Interesse an der Untersuchung der Folgen einer durchgehen-

---

[4]) Bundesgesetzblatt 1870, S. 649.
[5]) B.G.Bl. 1870 S. 616 und 617.

den Strafrechtsverschiedenheit innerhalb eines und desselben Staates verloren.

In bedeutend hohem Grade macht sich aber gegenwärtig noch, besonders in Anbetracht der Verschiedenheit der Strafensysteme, die Rechtszerrissenheit im Königreiche Italien geltend; doch strebt man daselbst bereits seit 1866 ihre Beseitigung an, und es ist bei der allseitigen Anerkennung der Misslichkeit der bestehenden Verhältnisse zu erwarten, dass die ersehnte Rechtseinheit in nicht allzu ferner Zeit zur Existenz und Durchführung gelangen wird.

Längere Dauer scheint der im britischen Reiche [6]) vorliegenden Rechtsverschiedenheit bestimmt zu sein. Die bei Gelegenheit der Vereinigung Schottland's mit England zum grossbritannischen Reiche [7]) und der Union Irland's mit diesem [8]) paktirte Erhaltung der verschiedenen Rechte in den verbundenen Staaten wird bei dem konservativen Geiste derselben wohl noch ferner gewahrt werden, umsomehr, als zu einem Theile wenigstens schon dadurch Uebereinstimmung besteht, dass das gemeine Recht überall den Hauptbestandtheil bildet.

Die Folge einer derartigen Rechtsverschiedenheit, wie wir sie im Bisherigen als theils schon in der Vergangenheit liegend, theils noch bestehend kennen gelernt haben, ist mit Nothwendigkeit die, dass die einzelnen Bestandtheile eines und desselben Staates sich gegenseitig als Ausland betrachten müssen [9]), eine Konsequenz, der man sich durch die Berufung

---

[6]) Ueber die Eigenschaft desselben als Einheitsstaat lassen die Unionsakte von 1707 (5. Ann. ch. 8) und 1800 (39 & 40 Geo. III ch. 67) (vergl. hierüber Geo. Bowyer, commentaries on the constitutional law of England, 2. edit. p. 37 und 40; H. J. Stephen, new commentaries on the laws of England, 3. edit. vol. I p. 86 und 96) keinen Zweifel aufkommen.

[7]) Bowyer p. 37; Stephen p. 86.

[8]) Bowyer p. 41; Stephen p. 97.

[9]) Bar, das internationale Privat- und Strafrecht § 28, § 125 (S. 480) und § 154 Note 4; Stenglein, Commentar über das Strafgesetzbuch für das Königreich Bayern, Bd. I S. 413.

auf die staatsrechtliche Zusammengehörigkeit mit Nichten entziehen kann. Soweit allerdings neben den strafrechtlichen Rücksichten Gegenstände des Staatsrechtes in Frage kommen, wird diese ihre Einwirkung nicht verfehlen und so z. B. das Objekt eines Hoch- oder Landesverraths, einer Majestätsbeleidigung, für die verschiedenen Rechtsgebiete gemeinschaftlich und identisch sein.

Hierin liegt auch nicht etwa ein Widerspruch mit dem von uns betonten engen Zusammenhang des Gesetzes mit dem ihm zugewiesenen Geltungsbereich. Die auf die sogenannten Staatsverbrechen bezüglichen Bestimmungen der nebeneinander bestehenden Rechte müssen naturgemäss dasselbe Staatsoberhaupt und dasselbe Staatswesen im Auge haben, da diese ihnen gemeinsam sind und nicht für jedes der einzelnen Rechtsgebiete eine gesonderte Existenz besitzen.

Anders verhält es sich dagegen hinsichtlich der Privatverbrechen: die für diese gesetzten Strafbestimmungen sind, da aus der Natur ihrer Objekte kein Gegengrund abgeleitet werden kann, nur auf die im Herrschaftsgebiete des speziellen Gesetzes befindlichen Personen und Sachen nach den von diesem selbst aufgestellten Regeln zu beziehen und anzuwenden.

Fragt es sich daher um die Strafbarkeit oder Verfolgbarkeit einer Handlung, so wird der Beschränktheit des Geltungsbereiches der verschiedenen Gesetze Rechnung getragen werden müssen, wie dies in einem bayerischen Falle unseres Erachtens vollkommen richtig anerkannt wurde [10]).

Es kann, ohne gegen den Willen des Gesetzes zu verstossen, demselben kein grösseres Gebiet verliehen werden, als es sich selbst vindizirt.

Die Sachlage ist eben die gleiche, als wenn es sich um die Anwendung von Polizeivorschriften drehen würde, die von verschiedenen koordinirten Organen desselben Staates ausge-

---

[10]) Zeitschrift für Gesetzgebung und Rechtspflege des Königreiches Bayern Bd I S. 204.

gangen wären. So wenig — was wir, unserer späteren Besprechung vorausgreifend, schon jetzt als feststehend annehmen — es einem gegründeten Zweifel unterliegen kann, dass unter solchen Umständen jeder derselben die gebührende Achtung geschenkt werden muss, — wobei übrigens im Zweifel jener des Ortes der That der Vorzug zu geben ist [11]) — kann ein anderes Prinzip massgebend sein, wenn die Beurtheilung einer rein criminellen Handlung in Frage steht.

Dass dies verkannt werden konnte, ist eine der wichtigsten Folgen der von uns gerügten Uebertragung der Begriffe von einem Gebiete auf das andere. Wäre diese vermieden worden, so würden auch die von Goltdammer (a. a. O. S. 382) besprochenen, im Folgenden eingehender gewürdigten, Bedenken wahrscheinlich gar nicht entstanden und, wenn wirklich, jedenfalls anders als geschehen, gehoben worden sein.

b. Folgen einer Einverleibung.

§ 2.

α. Im Allgemeinen.

Die Vereinigung eines bisher selbstständigen Staates oder eines Theiles eines solchen mit einem anderen Staate kann die mannigfaltigsten Veranlassungen haben. Dieselbe kann erfolgen auf Grund eines Erwerbes nach den allgemeinen Rechtsprinzipien oder aber auf Grund der blossen Eroberung (debellatio) [1]).

Der erstere Titel kann wiederum entweder auf erbrechtliche Succession — die jedoch häufig nur eine Personal-Union

---

[11]) Berner, Wirkungskreis des Strafgesetzes S. 127; Wächter, das sächsische und das thüringische Strafrecht § 21 (S. 116); Bar, a. aa. OO.; Goltdammer in seinem Archiv Bd. 16 (1868) S. 380; vergl. ferner die Erkenntnisse bei Oppenhoff, Rechtsprechung des preuss. Obertribunals Bd. 8 (1867) S. 511, 785 und in Goltdammers Archiv Bd. 15 (1867) S. 767; Bd. 16, S. 141 und 383.

[1]) Beispiel hiefür aus der neueren Zeit ist die Einverleibung von Hannover, Kurhessen, Nassau und Frankfurt a/M. in Preussen (1866).

zwischen beiden Staaten veranlasst — oder auf einen Vertrag zurückzuführen sein, und dieser kann entweder eine ganz freiwillige Uebertragung der Souverainetät[2]) oder aber eine solche bei Gelegenheit eines Friedensschlusses[3]) zum Gegenstande haben.

So verschieden nun für das Gebiet des Staatsrechts die Wirkungen sein mögen, welche sich, besonders rücksichtlich der Verfassungsverhältnisse, an die Verschiedenheit des Uebergangsgrundes knüpfen, so einfach gestaltet sich die Sache für das Strafrecht. Abgesehen davon, dass rücksichtlich der Objekte von Staatsverbrechen insoferne eine Aenderung eintritt, dass von nun an statt des Oberhauptes, der Verfassung und des Gebietes des bisher selbstständigen Staates der nunmehrige Gesammtstaat und dessen entsprechende Beziehungen Gegenstand des Schutzes gegen Verletzungen werden, bleiben bis auf Weiteres der Geltungsbereich der Strafgesetze absolut unberührt und ihre Begriffe unverändert[4]).

Obwohl nun Goltdammer auch der Ansicht huldigte[5]), dass das Verhältniss mehrerer Partikularrechte desselben Staates „aus keinem anderen Gesichtspunkte als nach dem verschiedener internationaler Rechte bei deren Konkurrenz zu beurtheilen sei", so veranlasste ihn bei dem ersten Falle, in welchem er von dieser Regel eine Nutzanwendung hätte

---

[2]) wie jener über die Hohenzollern'schen Lande auf Preussen (1850).

[3]) so Schleswig-Holsteins auf Preussen vermittelst der Friedensverträge zu Wien (30. Oktober 1864) und Prag (23. August 1866); die Erwerbung einiger bayerischer Gebietstheile auf Grund des Friedensschlusses von Berlin (22. August 1866) sowie die Eintauschung einiger hessendarmstädtischer (Frieden von Berlin, 3. September 1866) durch Preussen; jene von Elsass-Lothringen durch das Deutsche Reich (Friedenspräliminarien von Versailles, 26. Februar 1871, und Vertrag von Frankfurt a/M., 10. Mai 1871).

[4]) Vergl. hiezu und zum Folgenden auch von Bar in Goltd Arch. Bd. 15 S. 663 ff.; Goltdammer ebenda Bd. 16 S. 36 ff.; Zöpfl, ebenda S. 42 ff.; von Bar, ebenda S. 252 ff.; II. A. Zachariae im Gerichtssaal Bd. 20 (1868) S. 219 ff.; von Schwarze, Commentar zum Strafgesetzbuch für das Deutsche Reich, 3. Aufl. S. 204.

[5]) Vergl. sein Archiv Bd. 16, S. 380.

machen können, die gewohnte Heranziehung des Begriffes Inland aus dem Staatsrecht, sich selbst Schwierigkeiten in den Weg zu legen, um dann mit Mühe und Noth sich derselben zu erwehren.

Bei Behandlung der Frage, wie es zu halten sei, wenn ein Angehöriger der neuen Provinzen nach der Inkorporation, jedoch noch vor Einführung der preussischen Gesetze in denselben, in Altpreussen ein Verbrechen verübt habe oder umgekehrt, und der Thäter nun in seiner Heimath verfolgt und bestraft werden solle, entstand für ihn daraus eine Schwierigkeit, dass er die Bestimmungen, nach welchen Inländer wegen im Auslande begangener Delikte im Inlande bestraft werden können, für unanwendbar hielt, da sie internationale Verhältnisse voraussetzten und jene Provinzen bereits als Inland zu betrachten seien.[6])

Der Richter der neuen Provinzen könne, so sagt er richtig, aber auch nicht das altländische Recht des Thatortes, der altpreussische Richter in der gleichen Lage nicht jenes der neuen Provinz anwenden. Er hilft sich nun durch den Hinweis darauf, dass nunmehr eine Auslieferung durch den Richter des Wohnortes an jenen des Thatortes möglich sei, da nun beide demselben Staate angehörten und darum das Verbot der Auslieferung nicht mehr hindernd zwischen ihnen stehe.

In letzterer Beziehung hat er allerdings, wenn auch auf falschem Wege, das Richtige getroffen. Das Verbot der Auslieferung ist vorzüglich staatsrechtlicher Natur und aus staatsrechtlichen Rücksichten erwachsen; ebendeshalb wurde dasselbe, wenn es auch in der Kriminalordnung von 1805 (§ 96) enthalten war, durch die einen staatsrechtlichen Akt vollziehenden Inkorporationsgesetze gegenüber den annektirten Staaten aufgehoben. Nicht das gleiche Schicksal aber traf den § 4, Ziff. 3 des preussischen Strafgesetzbuches, der lediglich an

---

[6]) Auch von Bar (Goltd. Arch. Bd. 15 S. 671) vertritt die Anschauung, dass die Einverleibung diese Wirkung nach sich gezogen habe, da nunmehr der Grund zur Aufstellung jener Bestimmungen (Verbot der Auslieferung von eigenen Staatsangehörigen an andere Staaten) weggefallen sei.

Stelle seiner früheren internationalen Bedeutung gegenüber den inkorporirten Gebieten eine interterritoriale erhielt. Ja, seine Existenz und fortdauernde Giltigkeit bildete sogar die nothwendigste Voraussetzung dafür, dass das Gericht des (altpreussischen) Wohnortes von seiner, gemäss Art. 2 des Gesetzes vom 3. Mai 1852[7]) mit jener des Thatortes konkurrirenden, Kompetenz hätte Gebrauch machen können.

Die weiter gehende Ansicht entpuppt sich sonach als einer der vielen Trugschlüsse, zu welchen der unheilvolle Satz „cessante ratione legis cessat lex ipsa" Veranlassung gegeben hat.

Würde wirklich, wie von Bar, Goltdammer und mit ihnen die beiden preussischen obersten Gerichte in den angeführten Urtheilen annahmen, die Inkorporirung auch alsbald für das Strafrecht den Begriff Inland verändert haben, so hätte der Altpreusse, welcher in einer neuen Provinz delinquirt hätte, nur von dem Gerichte des in dieser gelegenen Thatortes, falls er aber ein Verbrechen in Altpreussen begangen hätte, von den Gerichten des Thatortes und seines Wohnortes zur Verantwortung gezogen werden können.

Die gleiche Verschiedenheit in der Behandlung hätte natürlich jener Anschauung zu Folge Platz greifen müssen, wenn es sich um den Angehörigen einer neuen Provinz gegenüber Altpreussen oder resp. seinem bisherigen Heimathsstaate gehandelt hätte.

Zu solchen unnatürlichen Konsequenzen gelangt man, wenn man ausser Acht lässt, dass die Worte Inland und Ausland eines Strafgesetzes sich im Zweifel zunächst immer nur auf das ihm zustehende Geltungsgebiet beziehen.

Anders allerdings wäre, wie bereits angedeutet, die Entscheidung zu treffen gewesen, wenn unter den supponirten Umständen ein in den annektirten Staaten verbliebener Angehöriger derselben gegen den König von Preussen oder

---

[7]) betr. die Zusätze zu der Verordnung vom 3. Januar 1849 über die Einführung des mündlichen und öffentlichen Verfahrens mit Geschworenen in Untersuchungssachen.

gegen diesen Staat in seinem neugewonnenen Umfange ein Verbrechen unternommen hätte; in diesem Falle wäre er natürlich, vor die Gerichte seines bisherigen Heimathstaates gestellt, nach den für derartige Delikte gegen den eigenen Staat in dem Strafgesetze desselben enthaltenen Bestimmungen zu beurtheilen gewesen, da in dieser Richtung Preussen und dessen entsprechende Beziehungen an die Stelle von Hannover, Nassau u. s. w. getreten waren.

Auch bezüglich der Tragweite dieser Succession gewährt übrigens ein bekannter Fall aus der Praxis einen schlagenden Beweis für die Richtigkeit des Satzes „qui bene distinguit, bene docet". Der gegen den früheren hannöverischen Minister Grafen Platen-Hallermund im Jahre 1868 am preussischen Staatsgerichtshofe angestrengte Hochverrathsprozess, der zwar zu dessen Verurtheilung in contumaciam führte, jedoch mit seiner Begnadigung endete, beruhte auf der Anschauung, dass mit der Einverleibung eines Staates dessen bisherige Angehörige ohne Ausnahme Unterthanen des inkorporirenden Staates würden. Die von dem Angeklagten provozirten Gutachten von H. A. Zachariae und Neumann[8]), deren Deduktionen auch Goltdammer[9]) vollständig beistimmt, hatten vergebens darauf hingewiesen, dass dies nur für Jene gelten könne, welche sich durch ausdrückliche oder (in dem Verbleiben im Lande zu erblickende) stillschweigende Ergebung der neuen Staatsgewalt unterworfen, nicht aber auch von Jenen, welche ihr bisheriges Vaterland vor oder alsbald bei der Inkorporation verlassen und so darauf verzichtet hatten, fernerhin Angehörige desselben zu sein.

Sind hienach abgesehen von den Staatsverbrechen, bezüglich deren Objekte die im Vorausgehenden besprochene Substitution zu beachten ist, die durch Einverleibung verbun-

---

[8]) Abgedruckt in v. Holtzendorff's deutscher Strafrechtszeitung 1868 (Bd. 8) Sp. 304 ff., das erstere auch im Gerichtssaal Bd. 20 S. 226 ff.
[9]) in seinem Archiv Bd. 16 S. 798 ff.

denen Gebiete für die Frage, ob eine strafrechtliche Verfolgung stattfinden könne, auch fernerhin gegenseitig als Ausland anzusehen, so lange nicht eine Ausgleichung der zwischen ihnen bestehenden Strafrechtsverschiedenheit stattgefunden hat, so muss dies auch Platz greifen, wenn es sich um eine materielle Würdigung oder Berücksichtigung von Urtheilen der Gerichte des einen Theils durch solche des andern handelt.[10]

Weichen ja oft, wie bereits erwähnt, die Prinzipien der, den Urtheilen verschiedener Provinzen mit Partikularrechten zu Grunde liegenden, Gesetze und deren Verbrechensbegriffe so total von einander ab, dass es gar nicht zu vermeiden wäre, dass grundsätzlich verschiedene Handlungen bei Gleichstellung der Urtheile nur deshalb als gleichartig betrachtet werden müssten, weil sie zufällig in der Bezeichnung übereinstimmten.

Eine Prüfung der Erkenntnisse aber nach ihrer inneren Homogenität würde mit denselben Schwierigkeiten verbunden sein, als jene von Urtheilen auswärtiger Staaten, ganz abgesehen davon, dass damit den Gerichten des einen Landestheiles eine Kognition über die Aussprüche der koordinirten Organe des anderen — eine gewiss unzulässige Einrichtung — verliehen würde.

In formeller Beziehung hingegen, hinsichtlich des Prozesses und insbesondere der Vollstreckung, sind die von dem Augen-

---

[10]) Vergl. hiezu die S. 14 Note 4 angegebene Literatur.
Der bei Carnot, de l'instruction criminelle, 2. édit. tom. I p. 117 besprochene und anders entschiedene Fall setzt die Einführung der französischen Gesetze in dem neu gewonnenen Lande voraus.
Uebereinstimmend mit unseren im Texte entwickelten Prinzipien äussern sich anlässlich einer Kontroverse über die Exequirbarkeit von civilrechtlichen Urtheilen aus neu erworbenen und verbundenen Landestheilen die bei Rossi, la esecuzione delle sentenze e degli atti delle autorità straniere, im Anhange p. 251 u. 257 mitgetheilten Erkenntnisse des Kassationshofes Florenz (2. Dezember 1872) und des Appellhofes daselbst (10. Juni 1873) sowie dieser Autor selbst in seiner Schrift p. 40 sequ., wo auch zwei abweichende Aussprüche der Appelhöfe von Lucca (19. Juni 1871) und Rom (27. Mai 1872) angeführt sind.

blicke der Inkorporation an in den verbundenen Landestheilen ergehenden Urtheile als Emanationen einer und derselben Staats- und Jurisdiktions-Gewalt zu betrachten und demgemäss zu respektiren.

Dürfen hienach, soweit sich materiellrechtliche Folgen daran knüpfen würden, auch die nach der Einverleibung in den verschiedenen Landestheilen gesprochenen Urtheile nicht gegenseitig als inländische behandelt werden, so erscheint als geradezu grundfalsch die Retrotraktion dieser Qualifizirung auf die vor jener in den neu erworbenen Gebieten ergangenen.

Der unglückliche, von Goltdammer [11]) erfundene Begriff der „Kontinuität der landesherrlichen Gewalt", der zur Motivirung der fraglichen Entscheidungen [12]) besonders angerufen wurde, vermag jenes Verfahren nicht zu rechtfertigen. Diese „Kontinuität" setzt vor Allem voraus, dass ein Uebergang der Staatsgewalt von dem früheren auf den neuen Inhaber derselben in den Formen Rechtens stattgefunden habe, da natürlich etwas, das selbst erst seinen originären Anfang genommen hat, nicht die Fortsetzung von etwas Anderem bilden kann.

Aus diesem Grunde kann mit Fug von einer solchen Kontinuität dann nicht gesprochen werden, wenn der neue Souverain die Staatsgewalt vermittelst occupatio bellica erlangt hat. Sie ist nur denkbar bei wirklicher Rechtsnachfolge; aber auch bei dieser beschränkt sie sich naturgemäss auf das Gebiet des vorher selbstständigen Staates, resp. früheren Theiles eines anderen Staatswesens [13]), da die früher vorhandene Un-

---

[11]) Materialien Bd. I 468; vergl. ferner Goltd. Arch. Bd. 16 S. 36.

[12]) Oppenhoff, Rechtsprechung Bd. 8 S. 233, 561; Goltd. Archiv Bd. 15 S. 427, 846, und Bd. 16 S. 143, 145.'

[13]) Vollkommen richtig ist daher die Entscheidung bei Goltd. Arch. Bd. IV (1856) S. 832, wo lediglich hohenzollernsche Erkenntnisse in Frage standen; dagegen jedoch Berner, Lehrbuch des deutschen Strafrechtes § 142 (S. 304 Note 1 der 9. Auflage).

Ob Goltdammer a. a. O. die „Kontinuität" blos für das betr. Land, ohne Rückwirkung und auf den Fall des vertragsmässigen Uebergangs beschränkt auffasste, lässt sich aus der allgemein gehaltenen Sprechweise nicht

abhängigkeit (resp. Angehörigkeit zum anderen Staate) durch die Inkorporation nur ex nunc, nicht aber ex tunc beseitigt wird.

Es können daher die neuen Provinzen weder unter sich noch gegenüber dem Hauptstaate als **von jeher** unter einer Staatsgewalt befindlich betrachtet werden; für die **vor der** Vereinigung liegende Zeit setzt der neue Souverain in der Gesammtstaatsgewalt die des früheren Landesherren nur als Successor dieses, somit als eine von jener des nunmehrigen Gesammtstaates getrennt gewesene, fort.

Auf dem Wege einer Fiktion mag man diese, auf das spezielle Land beschränkte, Kontinuität aus Gründen der Zweckmässigkeit „im Interesse des Rechtszusammenhangs", des „Zusammenhangs des früheren Rechtszustandes mit der neuen Rechtsordnung"[14]) vielleicht auch bei reinem Eroberungserwerb zulassen[15])

Es begreift sich aber von selbst, dass unter solchen Umständen von jener Wirkung derselben ex tunc noch weniger die Rede sein kann.

Demzufolge sind auch die **vor der** Einverleibung in den neuen Landestheilen erlassenen Erkenntnisse von den Gerichten derselben auch in Zukunft als inländische, von den altländischen dagegen, abweichend von der in Preussen beobachteten Praxis, als ausländische zu betrachten; natürlich kann auch im umgekehrten Falle (altländisches Urtheil in einer neuen Provinz) kein anderer Gesichtspunkt massgebend sein.

§ 3.
β. Bezüglich des Rückfalls.

Die preussische Praxis hat zu dieser Frage in der eben angedeuteten, von uns als unrichtig befundenen Weise haupt-

---

entnehmen; seine Ausführungen im Archiv Bd. 16 S. 36 ff. lassen aber, wenigstens für diese spätere Zeit, nur der gegentheiligen Annahme Raum.

[14]) womit das Urtheil in Goltd. Arch. Bd. 16, S. 440 die **totale** Gleichstellung der altländischen und neuländischen Urtheile zu vertheidigen sucht.

[15]) Wir billigen deshalb die bei Oppenhoff, Rechtsprechung Bd. 8

sächlich in solchen Fällen Stellung genommen, in welchen es
darauf ankam, zu entscheiden, ob frühere Verurtheilungen von
einem preussischen Gerichtshofe, also einem Gerichte des In-
lands, ausgegangen seien, und bei Bejahung dieser Frage der
Angeklagte wegen Rückfalles mit einer schwereren Strafe zu
belegen war[1]).

Neben der Berufung auf die Kontinuität der Landeshoheit,
deren Unhaltbarkeit wir bereits nachgewiesen zu haben glauben,
wurde dabei auch ein argumentum ab inconvenienti ins Feld
geführt und darzulegen versucht, dass es doch nicht angehe,
frühere Urtheile eines nunmehr mit dem erkennenden unter
derselben Staatsgewalt stehenden Gerichtes als ausländische
zu betrachten.

Es will nun aber vor Allem nicht einleuchten, weshalb
man Bedenken tragen soll, den Erkenntnissen die Eigenschaft
zuzuschreiben, die sie seit ihrer Existenz eben einmal haben.
Liefe man doch unter Umständen bei gegentheiligem Vorgehen
auch Gefahr, nunmehr ein und dasselbe Urtheil als inländisches ansehen zu müssen, welches man früher, zur Zeit des
selbständigen Bestehens des nunmehr einverleibten Staates, als

---

S. 716, sowie in Goltd. Arch. Bd. 16 S. 41 u. Bd. 17 (1869) S. 858 mitgetheilten Erkenntnisse. — Für die früher hannöver'schen Gerichte brachte
der später noch zu besprechende Art. XX der Verordnung vom 25. Juni
1867 dieselbe Wirkung hervor, als für die preussischen Gerichte im Jahre
1851 der Art. VI des Einführungsgesetzes vom 14. April 1851 nach sich gezogen hatte und besass lediglich dieselbe Bedeutung, als wenn unter hannöver'scher Herrschaft ein dem preussischen gleichlautendes Gesetzbuch mit
gleicher Einführungsbestimmung erlassen worden wäre.

[1]) Auffallend ist, dass das Obertribunal (Oppenhoff, Rechtsprechung Bd. 8 S. 51 in einem Falle, in welchem die Behandlung eines unter
hannöver'scher Herrschaft erlassenen Urtheils als inländisches für den Angeklagten günstiger gewesen wäre, indem dann für 2 Verbrechen eine Ge-
sammtstrafe an Stelle der zwei gesonderten Strafen hätte ausgesprochen
werden müssen, die ausländische Qualität desselben urgirt und sich hiebei
auch auf den Mangel eines Vergleichungsmassstabes zwischen der hannöver-
schen Ketten- und der preussischen Zuchthausstrafe berufen hat, als ob
nicht der Grundsatz in dubio pro reo eine Gleichstellung jener mit dieser
geboten hätte.

ausländisches behandeln und darum unberücksichtigt lassen musste.

Gegenüber jener die preussischen Gerichte leitenden Erwägung dürfte der Hinweis darauf genügen, dass wir eine solche verschiedene Behandlung nicht nur als zulässig, sondern sogar als nothwendig befunden haben, und zwar selbst hinsichtlich solcher Urtheile, die von Gerichten erlassen wurden, welche bereits zur Zeit der Emanirung jener derselben Landeshoheit unterstellt waren. Daneben kommt aber noch weiter in Betracht, dass die Hauptgründe, aus welchen die Nichtberücksichtigung ausländischer Urtheile gesetzlich sanktionirt wurde, darin gipfelten*), dass der ausländische Richter seinen Spruch auf ganz andere Rechtsgrundlagen gestützt haben könne, dass entgegengesetzten Falles den Gesetzen und Gerichten des Auslandes ein zu grosser Einfluss eingeräumt würde, dass ohne eine Prüfung, die aber höchst schwierig und von unsicherem Erfolge sei, die ausländischen Urtheile nicht die nöthigen Garantien ihrer Richtigkeit böten, und dergleichen mehr.

So gut nun diese Gesichtspunkte für das preussische Strafgesetzbuch bis zur Einverleibung massgebend gewesen waren, mussten sie es, wenigstens für die vor jener ergangenen Urtheile auch fernerhin bleiben. Oder sollte vielleicht der staatsrechtliche Akt der Einverleibung dieselben plötzlich umgewandelt und ex post aus unzuverlässigen in zuverlässige umgeändert haben? Sollten etwa die Erkenntnisse, weil nunmehr der Staat, in dessen Namen sie ergingen, einen Theil des preussischen Staates bildete, einen grösseren inneren Werth und eine grössere Gleichartigkeit mit den preussischen besitzen, resp. erhalten haben, als ihnen vordem innewohnte?

Begreiflicher wäre dies in Ansehung solcher Länder gewesen, welche, wie z. B. Oldenburg und Lübeck gegenüber Preussen, ein mit dem des anderen Staates im Wesentlichen

---

*) Vergl. besonders Goldtammer, Materialien Bd. I S. 465 und das Erkenntniss in Goltd. Archiv Bd. 6 (1858) S. 841.

übereinstimmendes Strafgesetzbuch besessen hätten, da solchen Falls wenigstens der Ausgangspunkt der Urtheile ein thatsächlich³) gemeinschaftlicher gewesen wäre. Bei der grundsätzlichen Verschiedenheit aber, welche bezüglich der Strafrechtsverhältnisse in den inkorporirten Staaten sowohl im Vergleiche zu einander als gegenüber Preussen bestand⁴), muss die in Preussen adoptirte Anschauung als formell und materiell ungerechtfertigt bezeichnet werden.

Hieran änderte auch der Art. XX der Verordnung vom 25. Juni 1867, betr. das Strafrecht und das Strafverfahren in den . . . . 1866 mit der Monarchie vereinigten Landestheilen, deshalb nicht das Geringste, weil derselbe, richtig aufgefasst⁵), nur auf die seit dem Inkorporationstage erlassenen Urtheile bezogen werden konnte.

Nur die seit dieser Zeit abgeurtheilten Straffälle sollten, trotzdem sie auf anderen Rechten basirten, bei Entscheidung der Frage, ob der Verbrecher rückfällig sei, auch in Rechnung gezogen werden. Die von Goltdammer (a. a. O. S. 39) gegebenen Notizen sind, mögen sie nun aus offiziellen Quellen stammen oder nicht, keineswegs geeignet, die weitergehende Auslegung des angeführten Artikels zu rechtfertigen.

War schon die in demselben von der Gesetzgebung eingeführte Fiktion der Gleichartigkeit und inneren Uebereinstimmung der Urtheile, welche in den verschiedenen Landestheilen seit ihrer Einverleibung ergangen waren, unter sich und mit den altpreussischen⁶) in Anbetracht der eben be-

---

³) Thatsächlich und rechtlich wäre dies der Fall gewesen, wenn ein Theil der Länder des thüringischen Strafgesetzbuches mit Sachsen-Weimar oder einem der Schwarzburg'schen Herzogthümer verbunden worden wäre; vergl. hiezu Wächter, sächsisch-thüringisches Strafrecht S. 133.

⁴) Vergl. die Darstellung derselben in Goltdammers Archiv Bd. 14 (1866) S. 657 ff.

⁵) Vergl. Zachariae, Gerichtssaal Bd. 20 S. 222; Goltdammer in seinem Archiv Bd. 16 S. 30 ff. und ebenda von Bar S. 252 ff.

⁶) Sogar diese Bedeutung, wenigstens in der Richtung, dass die altpreussischen Gerichte berechtigt und verpflichtet wurden, nunmehr die seit

rührten Divergenz der Strafrechte nicht ganz unbedenklich, — wiewohl sie sich im Hinblick auf das gleiche Verfahren im Jahre 1851 rechtfertigen lässt, — so überschritt jedenfalls die von den Urtheilen nach Emanirung der Verordnung beliebte Interpretation, dass sie sich auch auf die Zeit vor der Einverleibung erstrecke, in hohem Grade das Mass des Erlaubten.

Da die in Frage stehende Bestimmung sich als jus singulare qualifizirte, durfte dieselbe nach den herkömmlichen Auslegungsregeln nicht eine so tief eingreifende Ausdehnung erfahren.

Zur Vertheidigung derselben berief man sich wohl auch darauf, dass die durch die Inkorporation, resp. die citirte Verordnung rücksichtlich der früher ausländischen Urtheile hervorgebrachte Wirkung, wornach sie nunmehr als inländische zu behandeln seien, gegenüber den Angeklagten schon darum gelten müsse, weil die frühere Nichtberücksichtigung derselben auf einem Grunde des öffentlichen Rechtes beruht habe, der von den abgeurtheilten strafbaren Handlungen völlig unabhängig war.

Wenn letztere Motivirung, für sich betrachtet, auch richtig ist, so kann sie doch nicht die gewünschte Stütze bieten, und zwar deshalb, weil die früheren Urtheile ergangen sind auf einer von der nunmehrigen verschiedenen, eine Vergleichung nicht zulassenden Grundlage, und weil ihnen die ausländische Herkunft seit ihrer Existenz unzerstörlich beiwohnt.

Auf Grund dieser war aber ihre Berücksichtigung im Inland ein für allemal ausgeschlossen und konnte nun nicht nachträglich in Folge eines, sie ganz und gar nicht berührenden, staatsrechtlichen Vorgangs ermöglicht werden.

Endlich wurde auch noch geltend gemacht[7]), dass, wie die Gesetze der einverleibten Staaten, so auch die zur Rechtskraft erwachsenen Urtheile derselben erhalten geblieben und in den Einheitsstaat mit übergegangen seien.

---

der Inkorporation in den neuen Landestheilen ergangenen Urtheile als inländische zu betrachten, spricht von Bar a. a. O. S. 260 der Verordnung ab.

[7]) Vergl. Goltdammer Materialien Bd. 1 S. 469; Goltd. Archiv Bd. 16 S. 144.

Dieser Satz ist unbestreitbar, führt aber auch nicht zu dem Resultate, welches man aus ihm ableiten wollte. Die Gesetze der annektirten Staaten blieben vorerst erhalten, aber doch nur mit ihrem bisherigen Geltungsbereich; ebendarum kann auch den Urtheilen, welchen dieselbe Bedeutung zugeschrieben wird, kein grösserer Wirkungskreis eröffnet werden. Ihre Existenz und ihr Einfluss beschränken sich vielmehr, wie bereits dargelegt, auf das innerhalb der vormaligen Staatsgrenzen gelegene Gebiet.

Diese Verbindung der Urtheile mit dem Geltungsbereiche des Gesetzes, unter dessen Anwendung sie erlassen, und dem Gebiete des Staates, dessen Jurisdiktionshoheit sie entflossen sind, ist eine so innige und ihr ganzes Wesen beherrschende, dass andererseits auch im Falle der Lostrennung eines Gebietstheiles die in demselben bis dahin ausgesprochenen Erkenntnisse selbst dann noch als inländische zu gelten haben, wenn jener bereits längst mit dem anderen Staate vereinigt ist[8]). Diese ihnen bei und mit ihrer Entstehung verliehene Eigenschaft, die zwischen ihnen und den Aussprüchen der dem Hauptstaate verbliebenen Gerichte bestehende geistige Verwandtschaft kann durch den staatsrechtlichen Akt in keiner Weise alterirt werden.

Von dem Augenblicke der Trennung an allerdings hört jene innere Verbindung für die Zukunft auf, mag auch dasselbe Gesetz in dem abgetrennten Theile fernerhin in Geltung bleiben.

Indem die Gesetzgebung des Staatswesens, unter dessen Hoheit jener losgerissene Theil später steht, hierin keine Aenderung traf, hat sie das in dem von ihr neu erworbenen Lande geltende Gesetz als ihr Partikularrecht, natürlich mit dem auf jenes beschränkten Geltungsgebiete, stillschweigend bestätigt.

---

[8]) Bar, internationales Privat- und Strafrecht § 125 (S. 481) und in Goltd. Archiv Bd. 15 S. 668.

§ 4.
2. Inland im Sinne der Polizei-Vorschriften.

Eine Art von Partikularrechten innerhalb des Einheitsstaates bilden auch die von den unteren Verwaltungsbehörden erlassenen Polizeivorschriften, deren wir bereits einmal Erwähnung gethan haben.

Seitdem in neuerer Zeit das Polizeirecht mehr und mehr kodifizirt wurde, stellte sich auch die Regelung des den Polizeibehörden zugestandenen Verordnungsrechtes als unumgänglich nothwendig dar. Die Gesetzgebungen derjenigen deutschen Staaten, welche sich des Besitzes eines Polizeistrafgesetzbuches erfreuen, haben dies in mehr oder minder umfangreicher Weise gethan; auch solche, welche, wie z. B. Preussen, ein besonderes Gesetz über Polizeistrafsachen nicht besitzen, haben hiefür Sorge getragen [1].

Nicht selten wurde jedoch bei Ordnung dieser Angelegenheit verabsäumt, den Geltungsbereich der von den Polizei-Organen ausgehenden allgemeinen Vorschriften näher zu präzisiren [2]). Dank der allgemeinen Anerkennung, dass insbesondere den von den Behörden erlassenen Anordnungen zum allergrössten Theile nur eine räumlich beschränkte, meist lokale Bedeutung zukommt, ist unseres Wissens ein wirklicher Zweifel über jenen noch nicht aufgekommen. Nichts desto weniger bleibt es bedenklich, sich damit zu begnügen und zu beruhigen [3]), dass sich die nähere Bestimmung des Herrschafts-

---

[1]) Vergl. das preussische Gesetz über die Polizeiverwaltung vom 11. März 1850, sowie die Verordnung über die Polizeiverwaltung in den neu erworbenen Landestheilen vom 20. September 1867.

[2]) Vergl. z. B. Württembergisches Polizeistrafgesetz von 1839 (nachgeholt jedoch in dem Gesetze vom 27. Dezember 1871, betr. Aenderungen des Polizeistrafrechtes bei Einführung des R.St.G.B. § 51); Hannöver'sches Polizeistrafgesetz von 1847; Anhalt-Dessau-Köthensches Polizeistrafgesetz von 1855; Grossherzoglich-Hessisches Polizeistrafgesetz von 1855; Badisches Polizeistrafgesetzbuch von 1863.

[3]) Jolly, das Polizeistrafgesetzbuch .... für ... Baden S. 51 f. (zu § 23.)

gebietes solcher Erlasse „aus der Natur der Verhältnisse" ergebe. Es verdienen jedenfalls diejenigen Gesetzgebungen[4]) den Vorzug, welche die Möglichkeit jeglicher Bedenken und Kontroversen in dieser Richtung dadurch abgeschnitten haben, dass sie ausdrückliche Regeln darüber aufstellten.

Nach diesen sind die polizeilichen Vorschriften, welche die verschiedenen Verwaltungsorgane auf Grund gesetzlicher Ermächtigung zu erlassen befugt sind, nur für den Umfang des Bezirkes des anordnenden Organes giltig.

Kommen nun Fälle vor, in denen es gilt, auf dieselben die allgemeinen Grundsätze des Strafgesetzbuchs über das Herrschaftsgebiet der Gesetze analog anzuwenden, so ist demzufolge der hiebei unter den Begriff Inland fallende Raum von geringer Ausdehnung, während der Begriff Ausland neben dem, was mit Rücksicht auf die Staatsgrenzen unter denselben zu subsumiren ist, auch noch alle ausserhalb des fraglichen Verwaltungsbezirkes liegenden Theile desselben Staates umfasst.

Von Wichtigkeit wird diese Unterscheidung besonders dann, wenn die Erlasse verschiedener Behörden, die, wie es möglich ist und nicht selten vorkommt, denselben Gegenstand in verschiedener Weise behandeln, in Kollision treten. Wir haben oben bereits darauf hingewiesen, dass hiebei nach allgemeiner Anschauung das Recht des Thatortes prävalirt, was für die wesentlich nach lokalen Interessen berechneten und zu deren Schutz getroffenen Anordnungen das ihrer innersten Natur und Bestimmung einzig Angemessene ist.

§ 5.
3. Inland im Sinne des Strafrechts von Staats-Dependenzen.

Einen interessanten Seitenblick auf die von uns vertretene Theorie, dass innerhalb eines Staates unter Umständen eine

---

[4]) Preussisches Gesetz vom 11. März 1850 und Verordnung vom 20. September 1867 §§ 5 und 11; Kreisordnung vom 13. Dezember 1873 §§ 62 und 78; Bayerisches Polizeistrafgesetzbuch von 1861 Art. 32, 33,

strenge Scheidung zwischen den einzelnen Bestandtheilen desselben zu machen ist, gewährt eine Betrachtung der Verhältnisse der Kolonien¹).

Die Gesetzgebungen von drei der an solchen reichsten Staaten, Englands²), Frankreichs³) und Hollands⁴) lassen keinen Zweifel darüber aufkommen, dass sich die für das Hauptland gegebenen Gesetze nur dann auf die Kolonien mit erstrecken, wenn dies ausdrücklich in denselben bestimmt wurde.

Die nicht selten durchgängige Verschiedenheit der Zustände der Kolonien von jenen des Hauptlandes führt mit Nothwendigkeit dazu, die Wirksamkeit der Gesetze zunächst auf dieses zu beschränken. Hiezu kommt ferner, dass die Mannigfaltigkeit in der staatsrechtlichen Organisation der verschiedenen Kolonien, sowie in ihrer Stellung gegenüber dem Hauptlande nicht leicht in einem, für das Gesammtgebiet eines Staates bestimmten, Gesetze Berücksichtigung finden könnte, ohne dessen Anwendbarkeit erheblich zu erschweren.

---

35 (Art. 3, 4, 7 der Revision von 1871) und Gemeinde-Ordnung von 1869 Art. 150; vergl. ferner das allegirte Württembergische Gesetz von 1871 § 51.

¹) Vergl. hiezu Martens, précis du droit des gens, nouv. édit. ... par Vergé § 150a, tom. I p. 400 sequ.; Vattel, le droit des gens, nouv. édit. ... par Pradier-Fodéré I p 495 sequ.; Pinheiro-Ferreira, cours de droit public interne et externe tom. II p. 65 sequ.; Heffter, das europäische Völkerrecht der Gegenwart § 68 (S. 140 der 6. Auflage); Bluntschli, das moderne Völkerrecht § 79 (S. 95 der 2. Aufl.).

²) Bowyer l. c. p. 43 sequ.; Stephen l. c. pag. 100 sequ.

³) Carnot, de l'instruction criminelle tom. I p. 33, 737; tom. IV p. 11; Morin, dictionnaire du droit criminel s. v. colonies (p. 164); Sirey, recueil général des lois et des arrêts 2. serie 1851 p. 70 (cour de cassation 7. Septembre 1850); constitution du 22. frimaire an VIII art. 91; charte de 4.—10. juin 1814 art. 73; charte de 14. août 1830 art. 64; constitution du 4. novembre 1848 art. 109.

⁴) Nach Angabe der Motive (S. 236) zu Art. 99 des angeführten niederländischen Gesetzentwurfes besteht für die in Niederländisch-Indien lebenden Europäer ein besonderes Strafgesetzbuch; das künftige Gesetz bezieht sich nach Titel I des 1. Buches (Art. 2—7) nur auf Delikte, die in Europa begangen werden.

Besitzen ja manche Kolonien eine fast totale Selbstständigkeit gegenüber dem Mutterlande und Verfassungsverhältnisse, welche den Organen desselben nur mehr geringen Einfluss ermöglichen, während andere Kolonien desselben Staates ganz und gar vom Hauptlande aus regiert werden, andere wiederum in verschiedener Hinsicht autonom, doch in der Hauptsache eigener Organe und der Selbstständigkeit entbehren.

Wird nun ein gesetzlicher Erlass alsbald bei seiner Entstehung oder nachträglich auf ein solches Nebenland ausgedehnt, so verliert dieses für die nach jenem zu beurtheilenden Fragen seine Auslandseigenschaft nur dann, wenn die Gesetzgebung in den Händen der Organe des Hauptlandes vollkommen verblieben ist. Besitzt aber die Kolonie eine eigene, wenn auch der Einwirkung des Mutterlandes nicht ganz unzugängliche, Verfassung, so kann jener Zustand nur dadurch hervorgerufen werden, dass ihre Gesetzgebungsorgane eine besondere dahingehende Anordnung erlassen.

Eigenthümlich geordnet sind die Verhältnisse der auf dem Wege der Okkupation und Urbarmachung durch englische Unterthanen ihrem Vaterlande gewonnenen Länder. In diesen tritt nämlich alsbald das zur Zeit der Inbesitznahme geltende englische Recht in Kraft, während die später ergehenden Gesetze nur in Folge ausdrücklicher Bestimmung ihre Wirksamkeit auf dieselben ausdehnen [5]).

Die natürliche Folge hievon ist dann, dass, obwohl solche Kolonien möglicherweise nur von englischen Staatsbürgern bewohnt sind, diese dortselbst, also in einem Theile des Reiches, unter Umständen nach einem ganz anderen Rechte leben, als in ihrer Heimath, und dass diese letztere sonach, streng juristisch betrachtet, in allen jenen Beziehungen als Ausland zu erachten ist, in welchen ihr Recht gegenüber seinem Zustande zur Zeit der Kolonisirung eine Abänderung erfahren hat.

Dass die Verschiedenheit der socialen und besonders der klimatischen Verhältnisse die Uebertragung von neuen Gesetzen

---

[5]) Bowyer l. c. p. 48; Stephen l. c. p. 100, 103.

des Mutterlandes auf Kolonien unthunlich erscheinen lässt, wird nicht selten vorkommen. Andrerseits ist es wohl auch keines Beweises bedürftig, dass die Zustände in den letzeren häufig eine andere Beurtheilung erfordern als in jenem, und dass demzufolge die Emanirung von Spezialgesetzen unerlässlich wird.

Gerade auch auf dem Gebiete des Strafrechtes werden sich manchmal derartige Differenzen geltend machen und die räumliche Beschränktheit des Geltungsgebietes der bezüglichen Vorschriften die von uns betonte Berücksichtigung in Anspruch nehmen.

II. In Staaten-Verbindungen.
1. Bei Staaten-Vereinigung.
§ 6.
a. Begriff und Arten derselben.

Haben sich schon bei Betrachtung der Verhältnisse im Einheitsstaate uns manche Kontroversen gezeigt, so lässt sich begreifen, dass mit der grösseren Komplizirtheit, welche den Staatenverbindungen ihrer Natur gemäss eigen ist, auch die Schwierigkeit der Fragen wächst, welche ihrer Lösung entgegensehen.

Ziemlich einfach gestaltet sich die Sache noch bei den beiden, von uns unter den Begriff Staatenvereinigung subsumirten Arten, der Realunion und der Personal-Union; allein auch sie erfordern zuerst eine Auseinandersetzung über ihr eigenstes Wesen, ehe eine Besprechung der uns zunächst interessirenden Fragen möglich ist. Sowohl eine Vergleichung der von verschiedenen Autoren gegebenen Definitionen nämlich als der zu deren Illustrirung gewählten Beispiele führt zu der Erkenntniss, dass hier vor Allem den mannigfaltigen Ansichten gegenüber Stellung genommen werden muss, welche hinsichtlich des Inhaltes dieser Begriffe herrschen. Dies gilt rücksichtlich der Grenze zwischen beiden, dann aber auch bezüglich des Verhältnisses der Inkorporation zur Real-Union.

Es kommt nicht selten vor[1]), dass bei Besprechung von Einverleibungen diese als Real-Unionen bezeichnet und behandelt werden, ein Verfahren, das wahrscheinlich auf die, auch noch von Klüber[2]) gegebene, alte Schuleintheilung zurückzuführen ist, nach welcher die unio realis in zwei Unterarten, jure aequali und jure inaequali, zerfällt und diese letztere wieder eine proprie sic dicta oder aber incorporativa sein kann.

Beschränken wir aber, wie dies zur Vermeidung von Unklarheit absolut erforderlich ist, die Bezeichnung Union auf die Vereinigung der Regierungsgewalt von selbstständigen Staaten in der Hand eines Staatsoberhauptes, bei welcher die verbundenen Staaten einander koordinirt und im Besitze ihrer Selbstständigkeit verbleiben, so erhellt, dass die Inkorporation unter diesen Begriff nicht mehr subsumirt werden kann.

Was nun den Unterschied zwischen der Personal-Union und der Real-Union angeht[3]), so ist derselbe darin begründet, dass die in der Gemeinschaftlichkeit des Herrschers hervortretende Verbindung der Staaten entweder blos auf dem persönlichen Rechte eines Individuums oder einer Familie oder aber auf der gesetzlich ein für allemal festgestellten Zusam-

---

[1]) Vergl. v. Bar in Goltd. A. Bd. 15, S. 665 u. 668; Goltdamer ebenda Bd. 16 S. 40 und 381.
[2]) Europäisches Völkerrecht § 27 not. b (2. Auflage von Morstadt).
[3]) Vergl. zum Folgenden Hugo Grotius, de jure belli et pacis l. 1 c. 3 § 7; l. 2 c. 9 § 9; Vattel (Pradier-Fodéré) I p. 130 sequ.; Martens (Vergé) § 29 (I p. 116 sequ.); Klüber a. a. O; Heffter § 20 (S. 42 ff); H. A. Zachariae, deutsches Staats- und Bundes-Recht § 28 (I S. 104 der 3. Aufl.); Bluntschli, allgemeines Staatsrecht Bd. I. S. 248 ff. und S. 451 ff. (der 4. Aufl.); Völkerrecht § 75; Pözl in Bluntschli und Brater, deutsches Staatswörterbuch Bd. X S. 670 ff.; Wheaton, elements of international law, 2. annot. edit. by Lawrence, p. 71 sequ.; Herm. Schulze, Einleitung in das deutsche Staatsrecht § 62; Phillimore, commentaries upon international law, 2. edit. vol. I p. 96 sequ.; v. Holtzendorff in seiner Encyklopädie der Rechtswissenschaft, Theil I S. 827 (3. Aufl.)

mengehörigkeit der Staaten beruht. Während die Vereinigung ersteren Falles eine zufällige, oft nur vorübergehende Erscheinung ist, die mit dem Hinwegfall des verbindenden Elementes (Person oder Familie) von selbst ihr Ende findet, ist sie letzteren Falles ein dauerndes, rechtlich nothwendiges, auf gesetzlicher Vorschrift basirendes und nur auf gleichem Wege wieder aufhebbares, Verhältniss.

Eine Real-Union wird entweder dadurch begründet, dass die Grundgesetze der betreffenden Staaten bestimmen, dass die unirten Staaten fernerhin untrennbar seien, oder auch so, dass vorgeschrieben ist, es solle fortan ein und derselbe Herrscher beide regieren; denn bei Festhaltung hieran ist von selbst die Zusammengehörigkeit der Staaten gesichert.

Eine Personal-Union wird entweder durch Wahl oder dadurch herbeigeführt, dass das Oberhaupt eines Staates zufällig durch das Erbfolgegesetz eines anderen auch zur Herrschaft über diesen berufen wird. Stimmen die Successionsordnungen beider Staaten fernerhin überein, so kann ihre Verbindung lange Zeit dauern. Ist diese Uebereinstimmung gerade zu dem Zwecke geschaffen worden, um die Zusammengehörigkeit der Staaten zu begründen und zu sichern, so nähert sich ihr Verhältniss der Real-Union; letzteres in um so höherem Grade, je mehr Angelegenheiten oder Organe den verbundenen Staaten gemeinsam sind.

Mit Rücksicht hierauf betrachten wir z. B. auch die österreichisch-ungarische Monarchie als ein aus zwei **realiter** vereinigten Staaten zusammengesetztes Gemeinwesen. Es hat zwar Franz von Deák das Verhältniss der beiden Reiche zu einander, weil lediglich auf der Gemeinsamkeit des Regenten und des Erbrechtes beruhend, als eine Personal-Union[4]) bezeichnet, und scheint es, als ob diese Anschauung auch in dem ungarischen (XII.) Gesetzartikel[5]) vom 31. August 1867 zum Aus-

---

[4]) W. Lustkandl, das ungarisch-österreichische Staatsrecht (Wien 1863) S. 18; Deák, ein Beitrag zum ungarischen Staatsrecht (Pest 1865) S. 82 ff.

[5]) über die zwischen den Ländern der ungarischen Krone und den

druck kommen sollte. Allein Angesichts der Worte in dem Gesetzartikel I von 1723[6]), welcher die pragmatische Sanktion vom 19. April 1713 für Ungarn verkündete, Angesichts der Bezugnahme auf diese letztere in den §§ 1, 7 u. s. w. des erwähnten Gesetzes von 1867, Angesichts endlich der Gemeinsamkeit verschiedener Organe, besonders jener für Diplomatie und Heerwesen, sowie der zur Berathung gemeinschaftlicher Angelegenheiten berufenen Delegationen kann nicht wohl ein Zweifel darüber bestehen, dass die Gründe an Zahl und Bedeutung überwiegen, welche den österreichisch-ungarischen „Gesammtstaat" als eine Real-Union erscheinen lassen.

Als reine Real-Union im Sinne unserer obigen Deduktionen betrachten wir Schweden und Norwegen[7]) sowie das Verhältniss Finnlands zu Russland[8]) und die Verbindung des Königreichs Polen mit diesem vom 27. (15.) November 1815 an bis zum Manifest des Kaisers Nikolaus vom 26. (14.) Februar

---

übrigen unter der Regierung seiner Majestät stehenden Ländern obschwebenden gemeinsamen Angelegenheiten und über den Modus ihrer Behandlung; vergl. hierüber „die neue Gesetzgebung Oesterreichs, erläutert aus den Reichsrathsverhandlungen" Bd. I, Wien 1868 S. 511 ff., wo auch auf S. 499 ff. das für Cisleithanien gegebene „Gesetz vom 21. Dezember 1867, betr. die allen Ländern der österreichischen Monarchie gemeinsamen Angelegenheiten und die Art ihrer Behandlung" abgedruckt ist.

[6]) „proque stabilienda in omnem casum ... cum vicinis regnis et provinciis hereditariis unione"; „in sacra regni Hungariae corona ... successionem ... secundum normam in reliquis Suae Majestatis Sacratissimae regnis ... acceptatam inseparabiliter ... dirigi, servari et custodiri." — Vergl. hiezu auch Lustkandl a. a. O. S. 219 ff., 226 ff., 236 ff. und dessen „Abhandlungen aus dem österreichischen Staatsrecht" S. 225 ff., S. 304 ff.

[7]) Anderer Ansicht Bluntschli a. aa. OO.; jedoch dürfte in Anschung der Bestimmungen der (modifizirten) Verfassung Norwegens vom 4. November 1814, §§ 1, 6, 7 und 39—48, sowie des schwedischen „Reichsaktes" (rigsacten) vom 6. August 1815 das Verhältniss beider Staaten ebenso wie Oesterreich-Ungarns als mehr denn eine blosse, wenn auch „dauernde" Personal-Union zu qualifiziren sein.

[8]) Vergl. hiezu Herm. Wagener, Staats- und Gesellschaftslexikon Bd. VII S. 424 ff.; Ehrström im Gerichtssaal Bd. 28 (1876) S. 519 ff.

1832 [9]). — Personal-Unionen hingegen waren die Verbindung von England und Hannover (1760—1837), von Schleswig-Holstein mit Dänemark bis 1864, von Neufchâtel mit Preussen (insbesondere seit 1815) bis 1857 [10]) und von Lauenburg mit letzterem bis 1876 [11]); das gleiche Verhältniss besteht endlich noch seit der Wiener Kongress-Akte zwischen Luxemburg und den Niederlanden [12]).

§ 7.
b. Bedeutung derselben für den Inlands-Begriff.

Für das Gebiet und die Begriffe des Strafrechtes ist der Umstand, dass ein Staat mit dem anderen in Personal-Union steht, völlig bedeutungslos. Selbst für das Völkerrecht oder das Staatsrecht hat eine solche Verbindung keine weiteren Folgen. Steht dieselbe ja doch weder einer gänzlichen Verschiedenheit der verfassungsrechtlichen Verhältnisse noch der Möglichkeit eines Krieges zwischen den unirten Staaten entgegen.

---

[9]) Vergl. Wheaton l. c. p. 73 sequ.; Phillimore l. c. p. 94 sequ.

[10]) Vergl. Wheaton l. c. p. 72, 111, 476; Phillimore l. c. p. 96, 153 sequ.

[11]) Vergl. die Konvention von Gastein vom 14. August 1865, genehmigt zu Salzburg am 20. desselben Monats, Art. 9 (Staats-Archiv von Aegidi und Klauhold Bd. IX S. 288, 290), das Patent vom 13. September 1865, betr. die Besitzergreifung des Herzogthums Lauenburg (ebenda S. 294) und den Bericht der XIII. Kommission des (preuss.) Abgeordnetenhauses über den Gesetzentwurf, betr. die Vereinigung der Herzogthümer Holstein und Schleswig mit der preussischen Monarchie, vom 24. September 1866 (ebenda Bd. XI S. 251, insbesondere S. 261) sowie den anlässlich der projektirten Einverleibung Lauenburgs abgeschlossenen Vertrag zwischen Preussen und Lauenburg vom 15. März 1876 Art. 9 Ziff. 2 (Anlagen zu den stenographischen Berichten über die Verhandlungen des [preuss.] Abgeordnetenhauses, 1876 Bd. II Nro. 122 S. 749). — Der Artikel 55 der Verfassungs-Urkunde für den Preussischen Staat vom 31. Januar 1850: „Ohne Einwilligung beider Kammern kann der König nicht zugleich Herrscher fremder Reiche sein" fand bei dieser Gelegenheit keine Berücksichtigung.

[12]) Vergl. hiezu Klüber § 27 not. c und die Verfassung des Grossherzogthums v. 9. Juli 1848, Art. 1 und 3 bei H. A. Zachariae, die deutschen Verfassungsgesetze der Gegenwart S. 457.

Auf diese Weise erklärt es sich leicht, dass sich das gegenseitige Verhältniss solcher zweier Staaten für Fragen des Strafrechtes höchst einfach darstellt. Beide Staaten „bleiben — der Einheit der Person des Souverains ungeachtet — im Verhältniss zu einander sich gegenseitig fremd, beziehungsweise Ausland" [1]. Dass die in den unirten Staaten geltenden Strafbestimmungen über den Hochverrath, soweit sie das Staatsoberhaupt betreffen, eine und dieselbe Person im Auge haben, ist in der Natur der Sache begründet, im Verhältniss der Gesetzgebungen zu einander jedoch etwas rein Zufälliges.

So enthält denn auch wirklich das preussische Strafgesetzbuch nicht die geringste Beziehung auf Neufchâtel, obwohl zur Zeit seiner Publikation (1851) der König von Preussen noch an seinen Ansprüchen auf die Herrschaft über dieses Land festhielt; ebenso ist weder in dem bisherigen niederländischen Strafgesetzbuche noch in dem neuen Entwurfe des von dem König der Niederlande regierten Grossherzogthums Luxemburg irgendwie gedacht.

Anders gestaltet sich dies aber bezüglich solcher Staaten, zwischen welchen Real-Union besteht. Wie dieselben im völkerrechtlichen Verkehr als ein Ganzes, durch den gemeinsamen Herrscher gleichzeitig repräsentirt, auftreten, so hat auch jeder der vereinigten Staaten in Anschung ihrer grundgesetzlichen Zusammengehörigkeit ein lebhaftes Interesse an dem Befinden und Bestehen des anderen und an der Erhaltung der Verbindung mit demselben.

In Konsequenz hievon bilden rücksichtlich der Staatsverbrechen die beiden Staaten und das zwischen ihnen bestehende Verhältniss, sowie deren gemeinschaftliches Oberhaupt für die beiden Gesetzgebungen Objekte des Schutzes. Es werden also bezüglich politischer Delikte die verbundenen Gemeinwesen gegenseitig als Inland erachtet, während hinsichtlich der Privat- und sonstigen Verbrechen die Selbstständigkeit und Unabhängigkeit derselben zur vollen Geltung gelangt.

---

[1] Zöpfl in Goltd. Arch. Bd. 16 S. 43.

In dem 9. Kapitel des norwegischen Strafgesetzbuches v. 20. August 1842 — die Novelle zu demselben vom 3. Juni 1874 brachte für die uns interessirenden Theile keine wesentlichen Aenderungen[2] —, welches die Verbrechen gegen den Staat und den König behandelt, sind die Norweger und Schweden rücksichtlich der Strafbarkeit wegen solcher Delikte einander vollkommen gleichgestellt und rangiren die Angriffe gegen Schweden — abgesehen von solchen gegen dessen Verfassung — und die staatsrechtliche Verbindung desselben mit Norwegen ganz auf der gleichen Stufe mit solchen gegen dieses selbst. Abgesehen hievon aber ist in Gemässheit des ersten Kapitels des Gesetzbuches dessen Wirksamkeit auf Norwegen und seine Staatsangehörigen, resp. nach § 2 deren Schutz, beschränkt.

In ähnlicher Weise regeln die neuen Strafgesetzentwürfe für Cisleithanien („die im Reichrathe vertretenen Länder") von 1874 und für Ungarn von 1877 die einschlägigen Fragen[3]. Jener, indem er im I. Hauptstücke des II. Theiles (§§ 89 ff.) die Verfassung und das Gebiet „der österreichisch-ungarischen Monarchie" den entsprechenden Beziehungen der im Reichsrathe vertretenen Länder gleichstellt; dieser in der Weise, dass Verbrechen gegen „den Verband zwischen dem ungarischen Staate und dem anderen Staate der österreichisch-ungarischen Monarchie" sowie gegen das Gebiet des letzteren im I. Abschnitt des II. Theiles (§§ 125 ff.) mit denselben Strafen bedroht werden, als die Delikte gegen die Verfassung oder das Gebiet Ungarns selbst. Die Person des gemeinsamen Mo-

---

[2]) Vergl. Getz, den norske Straffelov, insbesondere S. 28 ff.

[3]) Das geltende Strafgesetz vom 27. Mai 1852, welches zur Zeit des Absolutismus erlassen wurde, gilt gemäss dem Patent von dem gleichen Tage „für den ganzen Umfang des Reiches", das nunmehr nach der Gesetzgebung von 1867 in „zwei gesonderte und gleichberechtigte Theile" zerfällt. — Begreiflicherweise enthält dasselbe, von dem Gedanken der Einheit des Reiches ausgehend, keine uns an dieser Stelle interessirenden Bestimmungen. Dagegen hatte schon der Entwurf von 1867 — vergleiche dessen „Besprechung" durch Geyer (Wien 1867) S. 9 und 79 ff. — den neuen staatlichen Veränderungen Rechnung getragen.

narchen steht als Kaiser, resp. König unter dem Schutze der Gesetze beider Staaten. In allen anderen Beziehungen aber stehen sich dieselben als Ausland gegenüber und zwar in dem Masse, dass Angehörige des einen Theils weder zur Aburtheilung noch zur Strafvollstreckung den Behörden des anderen ausgeliefert werden dürfen⁴).

Sonach fanden wir die Gesetzgebungen der wichtigsten, von uns als Beispiele ins Auge gefassten Staatenvereinigungen in einer deren rechtlicher Natur entsprechenden Weise geordnet. Gleichzeitig konnte die Betrachtung derselben als Prüfstein der von uns vertretenen Anschauungen dienen und dürfte deren Richtigkeit bestätigt haben.

2. Im Bundesstaat.

§ 8.

a. Begriff desselben.

Es ist für den vielbestrittenen Begriff des Bundesstaates [1] nicht ohne Bedeutung, darauf hinzuweisen, dass die drei be-

---

[4]) Vergl. Theil I Hauptstück I (§§ 1—7) des österreichischen, Theil I Abschnitt II (§§ 6—19) des ungarischen Entwurfes.

[1]) Vergl. über die historische Entwicklung desselben Brie, der Bundesstaat, I. Abth.; s. ferner J. Ach. Rudolph, de poena delictorum extra territorium admissorum, Erlang. 1790 § 3; Vattel (Pradier-Fodéré) I p. 131 sequ.; Martens (Vergé) § 29 (I p. 115 sequ.); Heffter §§ 20, 21; Tocqueville, de la democratie en Amérique, 13. édit. tom. I pag. 133 sequ.; H. A. Zachariae, die schweizerische Eidgenossenschaft, der Sonderbund und die Bundes-Revision S. 31 ff., S. 150 ff.; Staats- und Bundesrecht §§ 26, 27, 244 (I S. 98 ff.; II S. 614 ff.); Mittermaier's Bericht in Droysen, Verhandlungen des Verfassungsausschusses der deutschen Nationalversammlung Th. I S. 422 ff.; Welcker in Rotteck und Welcker, Staatslexikon, 3. Aufl. Bd. III S. 129 ff.; Waitz, Grundzüge der Politik S. 153 ff. (Ausf. III); Pözl in Bluntschli und Brater, Staatswörterbuch Bd. II S. 285 ff.; Bluntschli, Staatsrecht Bd. I S. 245 ff., 451 ff.; Völkerrecht § 70; Wheaton p. 75 sequ.; Escher, Handbuch der praktischen Politik Bd. II S. 481 ff.; Blumer, Handb. des schweizerischen Bundesstaatsrechts, Bd. I S. 142 ff.; Rüttimann, das nordamerikanische Bundesstaatsrecht, verglichen mit den politischen Einrichtungen der Schweiz I S.

deutendsten Staatswesen, welche in der modernen Zeit unter diese Kategorie gestellt werden, die Vereinigten Staaten von Nord-Amerika, die Schweizerische Eidgenossenschaft und das neue Deutsche Reich, aus einer loseren Verbindung hervorgegangen sind, welche allgemein als Staatenbund bezeichnet und aufgefasst wird.

In der Gegenüberstellung und Vergleichung mit dieser Form der Staatenverbindung findet die moderne Schöpfung des Bundesstaatsbegriffs ihre beste Präzisirung.

Wie die Bezeichnungen schon ausdrücken, ist der Staatenbund die föderative Einigung zu einem Bunde, der Bundesstaat eine solche zu einem Staate. Der Staatenbund ist lediglich eine Verbindung von Staaten, der Bundesstaat die Organisation des Volkes zu einem, dessen Unterabtheilungen zusammenfassenden, einheitlichen Staatswesen. Während so der Staatenbund Aehnlichkeit besitzt mit der Gesellschaft (societas) des Privatrechts, ist der Bundesstaat ein der juristischen Person (universitas) desselben analoges Gebilde.

Dies tritt besonders hervor in der Zusammensetzung der Centralorgane sowie in den Befugnissen, welche denselben zustehen. Dort wird dieses gebildet durch die blosse Vereinigung von **Vertretern der Regierungsgewalten der Staaten**, der Bundesstaat hingegen besitzt **eigene, in ihrer Sphäre von den Gliedstaaten unabhängige** Organe, welche neben **Vertretern der Staaten** auch aus solchen der **Nation** bestehen.

Das Gesammtorgan des Staatenbundes repräsentirt lediglich die Gesammtheit der Staaten als solcher, jenes des Bundesstaats das Volk des ganzen Bundes.

---

48 ff.; Schulze §§ 63, 64; Phillimore I p. 150 sequ.; Seydel, Zeitschr. f. d. ges. Staatswissenschaft Bd. 28 (1872) S. 185 ff ; Commentar zur Verfass.-Urkunde f. d. deutsche Reich S. IX ff.; Robert v. Mohl, das deutsche Reichsstaatsrecht S. 27 ff.; Hänel, Studien zum deutschen Staatsrecht I S. 31 ff.; Laband, das Staatsrecht des deutschen Reichs Bd. I §§ 7—12; v. Holtzendorff a. a. O. S. 827 ff.; Hänel in Hirth's Annalen des deutschen Reichs, 1877 S. 78 ff.

Die oberste Gewalt im Bundesstaat unterscheidet sich von der Centralgewalt des Staatenbundes „wie sich die Staatsgewalt von jeder anderen Vereinsgewalt unterscheidet, wie die Gemeinde-Obrigkeit eine andere Natur hat, als das Vorsteheramt in einer Gesellschaft"[2]).

Die letztere bringt nur die Summe der Sonderwillen der einzelnen Staaten zum Ausdruck, jene hingegen äussert den einheitlichen Willen der Gesammtnation.

Rücksichtlich des Vollzuges ihres Willens ist die Centralgewalt des Staatenbundes von den Gliedstaaten abhängig, indem sie sich nur an diese wenden, und die Ausführung durch die Organe derselben anregen und veranlassen kann. Der Bundesstaat dagegen besitzt zu diesem Zwecke eigene Organe, neben deren Thätigkeit jedoch die Inanspruchnahme jener der Gliedstaaten keineswegs ausgeschlossen ist.

Die „Beschlüsse" des Staatenbundes begründen nur massgebende Normen für die verbundenen Staaten, welche erst durch deren besondere legislative Thätigkeit für ihre Unterthanen bindende Kraft erhalten; die „Gesetze" des Bundesstaates hingegen haben für diese direkt verpflichtende Wirkung, ohne dass daneben eine rechtlich relevante Publikation derselben Seitens der Landesgesetzgebung nöthig noch überhaupt denkbar wäre und zwar in der Weise, dass sie ohne jegliche Vermittlung und auch gegen den Willen der Einzelstaatsgewalt auf Befolgung Anspruch machen.

Dieser unmittelbaren Gehorsamspflicht entspricht im Bundesstaate auf Seite der Unterthanen der Einzelstaaten eine Reihe von Berechtigungen, welche sich füglich unter dem Begriffe eines Bundesbürgerrechts zusammenfassen lassen, während bei dem Charakter des Staatenbundes als eines völkerrechtlichen Vereines ein derartiges Verhältniss ausgeschlossen ist.

Die in diesen Merkmalen kulminirende staatliche und staatsrechtliche Natur des Bundesstaats erfreut sich der Anerkennung Seitens des grössten Theiles der Autoritäten auf

---

[2]) Zachariae, die schweizerische Eidgenossenschaft S. 32.

dem Gebiete des Staatsrechts. Nicht minder auch die Subsumtion des neuen Deutschen Reiches unter diese Kategorie, wenn auch die Ansicht nicht unvertreten blieb, dass die eigenartige, besonders in der monarchischen Spitze hervortretende, Beschaffenheit dieses Gemeinwesens und seiner Bestandtheile sich dem hergebrachten Begriffe nicht recht fügen wolle.

§ 9.
b. Bedeutung dieses für den Inlandsbegriff.

Die nächste Folge, welche sich aus dem Inhalte des eben erörterten Begriffs ergibt, ist die Nothwendigkeit eines strafrechtlichen Schutzes der im Bundesstaate verkörperten Staatseinheit, des Gebietes desselben und seiner Organe. Mag ihm die Regelung des Strafrechtes im Allgemeinen zustehen oder nicht, so kann ihm das Recht zur Erlassung von solchen Bestimmungen keinesfalls bestritten werden. Es hiesse dies sonst, ihm eine der wichtigsten Funktionen eines selbstständigen, mit eigener Persönlichkeit ausgestatteten Staatswesens, also eine seiner wesentlichsten Eigenschaften, absprechen.

Für die so aufgestellten Anordnungen ergibt sich naturgemäss als Herrschaftsbereich das ganze Bundesgebiet, und erstreckt sich demzufolge für dieselben der Inlandsbegriff über dessen ganze Ausdehnung.

Bezüglich der sonstigen Vorschriften strafrechtlichen Inhalts ist in Gemässheit unserer obigen Ausführungen die Quelle, welcher sie entflossen, und das Gebiet, für welches sie erlassen worden sind, von entscheidender Bedeutung.

Wurden dieselben von Seiten der Bundesgewalt und mit Wirkung für das ganze Bundesgebiet aufgestellt, so ist auch dieses letztere in seinem ganzen Umfange für dieselben als Inland zu erachten. Wurde der Geltungsbereich aber in irgend welcher Richtung beschränkt, so wirkt dies natürlich auch wiederum auf den Inlandsbegriff zurück. Handelt es sich vollends um Anordnungen der Gliedstaaten, so beschränkt sich derselbe auf das jeweilige Gebiet des jene erlassenden Gemeinwesens.

In dieser Beziehung vorzüglich besteht ein durchgreifender Unterschied zwischen dem Deutschen Reiche einerseits und anderseits den Vereinigten Staaten und der Schweiz, welche auch von der jüngsten Verfassungsrevision in letzterem Bundesstaate (29. Mai 1874) unberührt geblieben ist.

Trotz dieser und trotz des beinahe schon hundertjährigen Bestehens der amerikanischen Union in der Form des Bundesstaates ist nämlich im neuen Deutschen Reiche der Centralgewalt eine weit umfangreichere Kompetenzsphäre eingeräumt als in den beiden anderen Konföderationen.

Während z. B. hier dem Bundesstaat lediglich die Befugniss zusteht, die Centralgewalt, sowie die mit derselben zusammenhängenden Institutionen und Interessen strafrechtlich zu schützen[1]), besitzt das Deutsche Reich bereits seit dem Beginne seiner Existenz ein vollständiges Strafgesetzbuch, das es mit der Beerbung des norddeutschen Bundes erwarb.

Demgemäss umfasst im deutschen Bundesstaat der Begriff Inland für das Strafrecht in ungleich mehr Fällen das ganze Bundesgebiet als in den beiden anderen. Allein auch in Deutschland musste er zu diesem Ende einen, wenn auch sehr kurzen, Entwicklungsprozess durchmachen.

a. Inland im Sinne des Reichsrechts.

§ 10.

aa. Einfluss der Bildung des norddeutschen Bundes, insbesondere des Art. 3 der Verfassung desselben.

Die Konstituirung des norddeutschen Bundes und des Deutschen Reiches brachten zunächst in den Art. 74 und 75

---

[1]) Constitution of the United States art. III s 3; art. I s. 8. claus. 4, 6, 10; Art. 103—107 der schweizerischen Bundesverfassung vom 12. September 1848; Art. 112 jener von 1874, Gesetz v. 4. Februar 1853 über das Bundesstrafrecht der schweizerischen Eidgenossenschaft; Story, commentaries on the Constitution of the United States, 3. edit. vol. II p. 91 sequ. (§§ 1157—1162) p. 177 sequ. (§§ 1295—1302); Bishop, commentaries on the criminal law, 4. edit. tom. 1 §§ 144 sequ., 910; Rüttimann II S. 40 ff. u. 50 ff.; Blumer II S. 71 ff.; Sim. Kaiser, schweizerisches Staats-Recht Band II S. 311, III S. 27.

der Verfassung nur Bestimmungen sich, welche den in Amerika und in der Schweiz heute noch bestehenden analog waren.

Auf Grund dieser traten für die politischen Verbrechen die entsprechenden Beziehungen des Bundesstaates neben jenen der Einzelnstaaten unter den Schutz der Gesetze der letzteren[1]), ohne dass aber sonst auf dem Gebiete des Strafrechtes, insbesondere bezüglich des Inlandsbegriffes, irgend eine weitere Aenderung eingetreten wäre. Auf ein politisches Verbrechen gegen einen der verbündeten Staaten, welches nicht unter den Art. 74 der Verfassung gefallen wäre, würden deshalb unentwegt lediglich die bisher hiefür geltenden Bestimmungen über Delikte gegen „befreundete" Staaten Anwendung gefunden haben, nicht aber die für den Schutz des aburtheilenden Staates selbst aufgestellten Regeln an deren Stelle getreten sein.

Nur soweit es Gegenstände betraf, welche dem Strafrechte mit dem Staatsrechte des Bundes gemeinsam waren, wurde eine Unterscheidung des neuen Zustandes gegenüber dem früheren erforderlich.

Wie wir hiefür soeben hinsichtlich der Verbrechensobjekte die bezüglichen Bestimmungen der Verfassung anführen konnten, so musste deren Einwirkung auf das Strafensystem ebenfalls die gebührende Würdigung erfahren. Dies galt denn auch für die Nebenstrafe der Ausweisung aus dem Gebiete eines Einzelstaates, welche ihrer Natur nach nur Ausländer treffen kann.

---

[1]) Nicht ganz mit Recht vermisste Heinze, staatsrechtliche und strafrechtliche Erörterungen z. d. Entwurf eines St.G.B f. d. nordd. Bund, S. 53, hierin „einen treuen strafrechtlichen Ausdruck" der strafferen Einheit des Nordd. Bundes gegenüber jener des früheren Deutschen Bundes. Während nämlich der letztere von dem guten Willen der einzelnen Staaten abhängig war, ob diese eine dem Beschlusse vom 18. August 1836 entsprechende Anordnung treffen wollten, war hier dem Bundesstaat alsbald derselbe strafrechtliche Schutz gewährt, den jeder Einzelstaat für sich selbst beanspruchte. Dieser Kontrast mochte die Abhängigkeit von den verschiedenen Rechten der einzelnen Staaten als unwesentlich erscheinen lassen, während zugleich die von einer selbstständigen Strafdrohung zu befürchtenden praktischen Schwierigkeiten dieselbe empfahlen.

Nachdem nun aber durch Art. 3 der Bundesverfassung ein gemeinsames Indigenat für ganz Deutschland geschaffen worden war, in Gemässheit dessen alle Deutschen in allen Staaten des Bundes als Inländer behandelt werden mussten, konnte diese Strafe gegen Deutsche keine weitere Anwendung mehr finden.

Entgegengesetzten Falles wäre es möglich gewesen, den in dem einen Bundesstaate sesshaften und daselbst abgestraften Angehörigen des anderen nach Verbüssung seiner Strafe des Landes zu verweisen und so des wichtigsten Ausflusses aus dem Indigenate, des Aufenthaltsrechtes, zu berauben.

Diese Kollision mit den Grundsätzen des Staatsrechtes, zu welcher die Aufrechterhaltung der Ausweisung Veranlassung gegeben hätte, war es, die diese Strafe Deutschen gegenüber für die Zukunft ausschliessen musste. Der Umstand allein, dass einzelne der hiedurch abgeänderten deutschen Strafgesetzbücher für Inländer das Institut der Polizeiaufsicht nicht kannten, vermochte diese Folge der Bundesgesetzgebung nicht zu beseitigen, vielmehr höchstens das Vorhandensein einer Lücke im Strafsysteme jener fühlbarer zu machen.

Während diese Folge der staatlichen Einigung weit davon entfernt war, allgemeine Anerkennung zu finden [2]), erfreute sich eine andere Konsequenz, die man aus derselben ziehen zu dürfen glaubte, grösseren Beifalls.

---

[2]) Vergl. dafür: Goose in der Strafrechtszeitung von v. Holtzendorff 1868 Sp. 337 ff.; Goltdammer in seinem Archiv Bd. 16 S. 469 ff.; H. A. Zachariae im Gerichtssaal Bd. 21 (1869) S. 418; Erkenntnisse des O.A.G. Lübeck in der Strafrechtszeitung 1870 (Bd. 10) Sp. 519 und 1871 (Bd. 11) S. 241, des O.A.G. Berlin in Goltd. Arch. Bd. 16 S. 473 und des Obertrib. Berlin ebenda S. 474, 476, sowie des badischen Oberhofgerichts zu Mannheim in den Annalen der grossh. badischen Gerichte Bd. 37 (1871) S. 203 u. 205.

dagegen: v. Gross im Gerichtssaal Bd. 19 (1867) S. 329 ff., der Zustimmung fand in der Strafrechtszeitung 1869 (Bd. 9), Sp. 148 ff. sowie in den Erkenntnissen des Kreisgerichtes und des A.G. Gotha (Goltd. A. Bd. 16 S. 472), des A.G. und des O.A.G. Oldenburg, des Kammergerichts Berlin (Strafrechtszeitung 1868, Sp. 352 ff.) und des Obergerichtes Hamburg (ebenda 1870, Sp 266).

Trotzdem die Tendenz des Artikels 3 der Verfassung entschieden nur dahin ging, den Angehörigen der einzelnen deutschen Staaten gegenüber den Nichtdeutschen eine **bevorzugte** Stellung in der Weise einzuräumen, dass alle auf Ausländer bezüglichen **nachtheiligen** Bestimmungen, insbesondere jene staatsrechtlicher Natur, fernerhin auf sie keine Anwendung mehr finden sollten, suchte man aus jenem auch ein privilegium **odiosum** abzuleiten. Es wurde und wird der Satz aufgestellt[3]), dass schon in Folge des Reichsindigenats, noch mehr aber vermöge der auf dem einheitlichen Strafgesetzbuch basirenden Solidarität der Rechtspflege innerhalb des Deutschen Reiches, jeder Deutsche von jedem deutschen Gerichte strafgerichtlich verfolgt werden könne, wo auch immer er das Verbrechen begangen haben mag, welches hiezu Anlass bietet.

Natürlich brachte die Durchführung dieses Prinzipes von selbst die Rückkehr zu der missbräuchlichen, ausgedehnten Geltendmachung des forum deprehensionis mit sich, wie sie im alten deutschen Reich bestanden hatte[4]). Allein eben dies lässt auch die Unzulässigkeit eines solchen Vorgehens alsbald ersehen.

---

[3]) **Heinze**, Erörterungen S. 67 und 74; v. **Bar**, Goltd. Arch. Bd. 18 (1870) S. 89; **Spinola** ebenda Bd. 20 (1872) S. 321 ff.; **Rüdorff**, Strafgesetzbuch f. d. deutsche Reich S. 65 u. S 111 (§ 3 Note 7); **Heinze** in v. Holtzendorff's Handbuch des Strafrechtes, Bd. II S. 18. — **Dagegen**: **Schwarze**, Commentar, S. 211, und in Goltd. A. Bd. 21 (1873) S. 64 ff.; **Francke** ebenda S. 72 ff.; **Schütze**, Lehrbuch des deutschen Strafrechts, 2. Aufl. § 20 Note 1 S. 55); Cirkularrescript des Oberstaatsanwalts zu Wolfenbüttel im Gerichtssaal Bd. 25 (1873) S. 144 ff.; Erkenntniss des Obertribunals **Berlin** in Goltd. Arch. Bd. 24 (1876) S. 532.

[4]) Vergl. hierüber G. L. **Böhmer** (J. M. **Ruppel**), de delictis extra territorium admissis, Gottingae 1748 § 8; Chr. Fr. G. **Meister**, peinliche Rechtsgelehrsamkeit in Deutschland 2. Aufl. Bd. 1 S. 618 ff.; **Kleinschrod** im Archiv des Criminalrechts Bd. VII (1807) S. 362 ff.; **Grolmann** Grundsätze der Criminalrechtswissenschaft, 3. Aufl. § 419; **Martin**, Lehrb. des teutschen gemeinen Kriminalprozesses, 5. Aufl. (von Temme) § 38; H. A. **Zachariae**, Handb. des deutschen Strafprozesses Bd. I S. 362 ff., 368 ff.

Während das Strafverfahren zu jenen Zeiten theils auf der Karolina, theils und vorzüglich auf den von der gemeinrechtlichen Theorie und Praxis ausgebildeten Regeln basirte, stehen wir nunmehr den Prozessordnungen der einzelnen Staaten gegenüber, welche die einzige Quelle für die Entscheidung unserer Frage zu bilden haben.

Soll nun auf Grund einer Ergreifung die Strafverfolgung eines Verbrechers eingeleitet werden, so ist vor Allem zu prüfen, ob die weiteren Vorbedingungen gegeben seien, von welchen nach dem Prozessrechte des betreffenden Staates die Befugniss des arrestirenden Gerichtes zum Einschreiten abhängig ist. Ist dieselbe in einem gegebenen Falle dadurch bedingt, dass der Inquisit Inländer sei, so genügt hiezu keineswegs, dass er Angehöriger eines deutschen Staates und somit Inländer im Sinne des Art. 3 der Reichsverfassung ist.

Der Zweck, welcher mit der Schaffung des gemeinsamen Indigenats verfolgt wurde, war lediglich der, dass ein Deutscher in einem anderen Bundesstaate nicht deshalb schlechter als dessen eigene Angehörige behandelt werden sollte, weil er nicht auch ein solcher ist. Nicht aber wollte man ihn nach allen Richtungen den Staatsangehörigen gleichstellen und ihn hiedurch unter Umständen auch in eine, gegenüber seiner bisherigen, ungünstigere Stellung bringen, obwohl er nicht dem betreffenden Staate angehört. Man wollte ganz und gar dasselbe Ziel erreichen, welches bereits mit dem § 134 der Reichsverfassung von 1849 angestrebt wurde, der lautete:

Kein deutscher Staat darf zwischen seinen Angehörigen und anderen Deutschen einen Unterschied im bürgerlichen, peinlichen und Prozessrechte machen, welcher die letzteren als Ausländer zurücksetzt.

Es sollten nur die Ausnahmsbestimmungen zu Ungunsten von Ausländern für die Deutschen wegfallen; sie sollten denen der Inländer gleiche „Befugnisse" erhalten, nicht aber auch zugleich der Vortheile verlustig gehen, die ihnen daraus erwuchsen, dass sie nicht dem einen, sondern dem anderen Gliedstaate angehörten.

Dies wäre aber eingetreten, falls man als Gegenleistung für die eingeräumte „Befugniss", sein Recht wie ein Inländer zu verfolgen, die Pflicht, sich wie ein Inländer verfolgen zu lassen, statuirt hätte. Der Begriff Inländer auf dem Gebiete des Strafverfahrens wurde eben nur da erweitert, wo hiedurch eine Rechtsvermehrung, eine Begünstigung für die Angehörigen der anderen Bundesstaaten erreicht werden konnten, nicht aber auch da, wo die gegentheilige Wirkung hervorgerufen worden wäre. Demzufolge blieb die Frage, ob die Gerichte des neuen Bundesstaates zur strafrechtlichen Verfolgung eines Angehörigen des anderen befugt sein, lediglich nach den für jene massgebenden Kompetenzvorschriften zu entscheiden, ohne dass die staatsrechtliche Vereinigung, das Zusammentreten der deutschen Staaten zum norddeutschen Bunde, resp. deutschen Reiche, hieran eine Aenderung getroffen hätte.

Es wurde dies bei der Berathung des Gesetzes vom 21. Juni 1869, betreffend die Gewährung der Rechtshilfe, anerkannt[5]); es bildete dieser Satz ein Axiom bei Abfassung der neuen Justizgesetze[6]), und es wurde der Wille der Reichsgesetzgebung, eine solche missbräuchliche Berufung auf das forum deprehensionis hintanzuhalten, in unzweideutiger Weise dadurch zum Ausdruck gebracht, dass dem Gerichtsstande der Ergreifung in § 9 der Strafprozess-Ordnung vom 1. Februar 1877 nur eine subsidiäre Bedeutung verliehen wurde.

bb. Einfluss der Einführung des Bundesstrafgesetzbuchs und der Reichsverfassung.

§ 11.

αα) Im Allgemeinen.

In eine neue Phase trat der Begriff Inland bei und mit der Emanirung des Strafgesetzbuches für den Norddeutschen

---

[5]) Kommissionsbericht in den Verhandlungen des Reichstags des nordd. Bundes 1869, Bd. 3 (Drucksachen Nr. 225) S. 694 ad § 23 des Entwurfes.

[6]) Motive zu den §§ 133, 134 des Entwurfes zum deutschen Gerichtsverfassungs-Gesetze.

Bund. Wäre schon in Gemässheit des § 1 des Einführungsgesetzes kein billiger Zweifel darüber mehr am Platze gewesen, dass sein Geltungsbereich sich über das ganze Gebiet des Bundes erstrecken und dieses somit in seiner Totalität als Inland betrachtet werden sollte, so sorgte gewiss der § 8 des Gesetzbuches in dieser Richtung alles Wünschenswerthe vor. Wir haben schon oben erwähnt, dass noch vor dem Inkrafttreten des Gesetzes durch den Bundesvertrag mit Hessen sein Wirkungskreis erweitert worden war, und deshalb für dasselbe mit dem ersten Tage seiner Wirksamkeit (1. Januar 1871) als Inland das gesammte Gebiet des bisherigen norddeutschen Bundes nebst dem südlichen Theile des Grossherzogthums Hessen zu erachten war.

Dass an dem gleichen Tage die Reichsverfassung mit einem bedeutend weiteren Inlandsbegriff in Kraft trat, konnte nach der von uns vertretenen Anschauung auf das Strafgesetzbuch und die für dasselbe massgebenden Begriffe einen Einfluss nicht üben. Es wollte und sollte dieses nur für den bezeichneten Umfang Geltung haben, und damit war der Begriff Inland für dasselbe unbezweifelbar fixirt, mochte auch für Fragen des Staatsrechtes dessen engere Begrenzung bereits überholt sein.

Die Richtigkeit dieser Ansicht beweist das Reichsgesetz vom 15. Mai 1871, betreffend die Redaktion des St.G.B. für den Norddeutschen Bund als St.G.B. für das Deutsche Reich[1]), verglichen mit jenem vom 16. April 1871, betr. die Verfassung des Deutschen Reiches, § 2[2]). Obwohl hier ausdrücklich bestimmt war, dass die in Art. 80 der 1870 vereinbarten Verfassung[3]) aufgeführten Gesetze nunmehr Reichsgesetze und von nun an unter den Bezeichnungen Norddeutscher Bund, dessen Verfassung, Gebiet, Mitglieder etc., das Deutsche Reich und dessen entsprechende Beziehungen zu verstehen seien, so hielt man es doch für angemessen, rücksichtlich des Strafge-

---
[1]) Reichsgesetzblatt 1871 S. 127.
[2]) B.G.Bl. 1871 S. 63.
[3]) B.G.Bl. 1870 S. 647.

setzbuches ein Spezialgesetz zu erlassen. Diesem zufolge sollte aber die als Beilage publizirte neue Fassung des letzteren, welche im § 8 die Worte „jedes nicht zum **Norddeutschen Bunde** gehörige Gebiet" mit „jedes nicht zum **Deutschen Reiche** gehörige Gebiet" vertauschte, erst mit dem 1. Januar 1872 in Kraft treten. Auf Grund hievon blieb die erstere Begriffsbestimmung unverändert bestehen und bis zu diesem Termine allein berechtigt. Nur soweit ausdrückliche Zusätze gemacht, speziell auf das Strafgesetzbuch bezügliche Anordnungen von den Gesetzgebungsorganen des Reichs erlassen worden waren, war eine Abweichung hievon möglich. Solche Fälle sind aber zweimal vorgekommen. Zuerst, wie bereits erwähnt, schon in dem Bundesvertrage mit Hessen, durch dessen Genehmigung Seitens der verfassungsmässigen Organe die auf das Strafgesetzbuch bezügliche Stipulation Gesetz und Bestandtheil desselben geworden war. Sodann aber in Hinsicht auf Elsass-Lothringen durch das Gesetz vom 30. August 1871[4]), welches im Hinblick auf § 3 des Gesetzes vom 9. Juni 1871[5]), ebenfalls als von den Gesetzgebungsorganen des Reiches erlassen zu betrachten war.

Auch Rüdorff[6]), Otto[7]) und Schwarze[8]) datiren die Erstreckung des strafrechtlichen Inlandsbegriffes auf das ganze Reich erst vom 1. Januar 1872[9]), während Fuchs[10]) und Merkel[11]) den 1. Januar 1871 als fiktiven ersten Geltungstag der Reichsverfassung, Ortloff[12]) ohne nähere Präzisirung den

---

[4]) betr. die Einführung des St.G.B. für das Deutsche Reich in Elsass-Lothringen (Gesetzblatt für Elsass-Lothringen 1871 S. 255).

[5]) betr. die Vereinigung von Elsass-Lothringen mit dem Deutschen Reiche (R.G Bl. 1871 S. 212).

[6]) Seite 375 § 244 Nr. 2.

[7]) Annalen des k. sächs. O.A.G. zu Dresden, N. F. Bd. 9 (1872) S. 12.

[8]) Commentar S. 612 Note.

[9]) übereinstimmend ein Erkenntniss des O.A.G. Jena in der Strafrechtszeitung Bd. 12 (1872) S. 432.

[10]) im Anschluss an das in voriger Note citirte Urtheil.

[11]) in v. Holtzendorff's Handbuch Bd. IV S. 410.

[12]) Stenglein's Zeitschrift für Gerichtspraxis und Rechtswissenschaft in Deutschland, N. F. Bd. I S. 7 ff.

Tag, an welchem diese Gesetzeskraft erhielt, Rubo[13]), Oppenhoff[14]), Hahn[15]) und Olshausen[16]) den 4. Mai 1871[17]), mit welchem Tage das erwähnte Gesetz vom 16. April 1871 in Kraft trat, entscheiden lassen.

Beide abweichende Ansichten rekurriren zunächst auf rein staatsrechtliche Gründe und entziehen sich dadurch von selbst ihre Berechtigung für das Strafrecht. Zumal die erstere Theorie hat es gar nicht für erforderlich erachtet, auch nur einen Schein von Beweis dafür zu bringen, dass der zwischen den deutschen Staaten sich abspielende staatsrechtliche Vorgang alsbald und ohne Weiteres auch auf die Begriffe des Strafrechtes habe einwirken müssen. Ja, Ortloff geht, trotzdem das Strafgesetzbuch selbst eine Definition von Ausland gab und natürlich diese als für sich massgebend hinstellte, soweit, das Staatsrecht allein entscheiden zu lassen.

Fuchs aber findet es der politischen Bedeutung einer staatlichen Schöpfung für unangemessen, deren Wirkung auf einzelnen Gebieten von Einführungsgesetzen abhängig zu machen, und bestreitet so — damit sich selbst richtend — der stattlichen Anzahl von solchen Spezialgesetzen jeden inneren Werth.

Es liegt klar zu Tage, dass dergleichen Erwägungen, noch ganz abgesehen von ihren unnatürlichen Konsequenzen, den Stempel der Untauglichkeit an der Stirne tragen und nicht den geringsten Anhaltspunkt dafür bieten, wie und warum ein Gesetz ein anderes, ganz heterogenes abändern soll, ohne dass nur in der Natur der Sache ein Bedürfniss hiezu begründet, noch eine ausdrückliche diesbezügliche Anordnung in dem ersteren getroffen wäre.

Besser ist die Situation der Vertreter der zweiten Ansicht.

---

[13]) Commentar über das St G.B. f. d. Deutsche Reich S. 177.
[14]) Das St.G.B. für das Deutsche Reich, 5. Aufl. § 8 Note 6.
[15]) St.G.B. f. d. deutsche Reich 3. Aufl. S. 314.
[16]) Der Einfluss von Vorbestrafungen auf später zur Aburtheilung kommende Strafthaten S. 99 ff.
[17]) übereinstimmend ein Erkenntniss des O A.G. Berlin in Goltd. Arch. Bd. 20 S. 81 und Oppenhoff, Rechtsprechung Bd. 13 S. 141.

Rubo und die mit ihm Uebereinstimmenden betonen besonders, dass das Gesetz vom 16. April 1871 nicht selbst seinen Anfangstermin hinausgeschoben und demzufolge nach Art. 2 der Verfassung am 4. Mai desselben Jahres verbindliche Kraft erlangt habe, da das betreffende Stück des Reichsgesetzblattes am 20. April ausgegeben worden ist. In Folge dessen sei von jenem Tage an in Gemässheit des § 2, Abs. 2 des Gesetzes auch im Strafgesetzbuche überall „Norddeutscher Bund etc." als „Deutsches Reich etc." zu interpretiren gewesen.

Dem steht aber zweierlei entgegen. Zunächst enthält der von jenem Gesetze ausdrücklich in Bezug genommene Art. 80 der vereinbarten Verfassung die Klausel, dass das Strafgesetzbuch im übrigen Theile des Reiches [18]) erst am 1. Januar 1872 in Kraft treten solle. Dies allein würde genügende Veranlassung geben, auch die Ersetzung des einen Begriffes durch den anderen bis dahin zu vertagen. Dazu kommt aber, dass das Gesetz vom 16. April 1871 bestimmt war, „die rechtlichen Wirkungen ein für allemal festzustellen, welche mit der Einführung eines norddeutschen Gesetzes als Reichsgesetz verbunden sind"[19]). Demgemäss war der § 2, Abs. 2, desselben weniger dispositiver als vielmehr deklarativer, informatorischer Natur.

Die Einführung des für den ganzen Umfang des Reiches bestimmten Strafgesetzbuches als wirkliches Reichsgesetz erfolgte in Gemässheit der Verfassungsverträge und des Gesetzes vom 15. Mai 1871 erst am 1. Januar 1872; deshalb konnten auch erst an diesem Tage die für solche Fälle „ein für allemal" festgestellten „rechtlichen Wirkungen" derselben eintreten.

Nur so erklärt sich auch die Einleitung zu den Motiven

---

[18]) Vergl. jedoch bezüglich Bayerns den Versailler Vertrag vom 23. November 1870 III § 8 (B.G.B. 1871 S. 21) und das Gesetz v. 22. April 1871 betr. die Einführung Norddeutscher Bundesgesetze in Bayern, § 7 (ebenda S. 89).

[19]) S. die Motive zu dem Gesetze in den Verhandlungen des Deutschen Reichstages 1871, 1. Session Bd. III (Drucksachen Nr. 89) S. 207.

des letzterwähnten Gesetzes[20]), welche beginnt: „Das Bundesstrafgesetzbuch ist das erste grosse Gesetzbuch, welches mit und nach Begründung des Deutschen Reiches für dessen ganzen Umfang neu in Geltung tritt." Mit Rücksicht hierauf hielt man eine Rektifikation des Textes für nothwendig und darum konnte auch erst mit dem Eintritt der Verhältnisse, für welche diese berechnet war, nämlich der Geltung des Gesetzbuches für das ganze Reich, die neue Fassung in Wirksamkeit treten.

Diese Ansicht findet eine kräftige Stütze in dem bereits erwähnten Art. 80 der vereinbarten Verfassung, in welchem ausdrücklich stipulirt war, dass die daselbst aufgezählten Gesetze erst von den daselbst bestimmten Zeitpunkten an mit der Wirkung gemeinsam werden sollten, dass von da an überall statt „Norddeutscher Bund" „Deutsches Reich" zu setzen sei.

Soweit allerdings „eine Reihe von Bestimmungen" den Schutz des Norddeutschen Bundes und seiner Organe betraf, musste, da dieser als solcher nicht mehr existirte und das Reich an seine Stelle succedirt war, eine dem entsprechende Interpretation stattfinden.

Allein auf diese staatsrechtliche Succession ist die Bestimmung des Gesetzes vom 16. April zu beziehen. Dieselbe darf aber nicht in der blos an die Worte sich anschmiegenden Weise ausgelegt werden, dass alsbald überall in den Gesetzen nunmehr statt „Norddeutscher Bund" „Deutsches Reich" zu lesen gewesen wäre. Denn auf diesem Wege gelangt man zu der, allerdings von Fuchs (a. a. O.) nicht perhorrescirten, höchst unnatürlichen Folgerung, dass nach dem Willen der deutschen Gesetzgebung vom 1. Januar, resp. 4. Mai 1871 an bis zum 1. Januar 1872 die süddeutschen Staaten in den norddeutschen, dagegen nicht diese in jenen als Inland zu betrachten gewesen wären, — letzteres deshalb, weil bis dahin die partikulären Strafgesetze mit ihrem beschränkten Inlands-

---

[20]) Verhandlungen etc. Bd. III (Drucksachen Nr. 4) S. 10.

begriffe bestehen blieben, rücksichtlich dessen eine Erweiterung in Folge der Reichsverfassung von Niemand behauptet worden ist. — Dies aber als Intention unserer Gesetzgebung anzusehen, steht in grellem Widerspruche mit der Regel, dass man im Zweifel supponiren müsse, der Gesetzgeber habe mit seiner Vorschrift etwas Vernünftiges schaffen wollen.

Am stärksten tritt die Unhaltbarkeit jener Lehre hervor bei einer Anwendung derselben auf die Frage, für welche überhaupt die Bedeutung des Inlandsbegriffes in neuerer Zeit so wesentlichen Einfluss gehabt hat. Bekanntlich hat die deutsche Praxis mit seltener Einmüthigkeit — ob auch mit Recht, werden wir später prüfen — angenommen, dass eine Vorbestrafung dann zur Anwendung des § 244 des R.St.G. legitimire, wenn sie nur, gleichgiltig, ob noch vor oder schon unter der Herrschaft des R.St.G.B. in einem Lande vorgekommen sei, welches zur Zeit der Verübung (oder Aburtheilung)[21] des neuen Verbrechens zum Inland zu rechnen war.

Wäre nun die von Rubo und A. vertretene Anschauung richtig, so wäre z. B. ein Preusse, welcher zweimal in seinem Vaterlande wegen Diebstahls mit Gefängniss bestraft worden war, und nach dem 4. Mai 1871, jedoch noch vor dem 1. Januar 1872 zum dritten Male in Bayern delinquirte, als einfacher oder aber als rückfälliger Dieb zu bestrafen gewesen, je nachdem er vor die bayerischen Gerichte gestellt[22] oder

---

[21]) Für ersteres Oppenhoff ad § 244 Nr. 1 und ein Erkenntniss des O.A.G. Dresden bei Stenglein Bd. II S. 108; für letzteres Schwarze ad § 244 S. 612 Note, und ein Erkenntniss des Obertribunals Berlin bei Stenglein Bd. III S. 13 und Oppenhoff, Rechtsprechung Bd. 14 S. 485. — Letztere Ansicht dürfte schon darum unrichtig sein, weil sie zu verschiedenen Resultaten führen würde, je nachdem — bei Zugrundelegung unserer, auch von Schwarze vertretenen Anschauung — ein zuvor in Süddeutschland Bestrafter wegen des dritten Diebstahls am 31. Dezember 1871 oder am 1. Januar 1872 bei Zugrundelegung der anderen Theorie am 3. oder 4. Mai 1871 abgewandelt worden wäre.

[22]) Wir stellen uns hier, allerdings entgegen der bayerischen Praxis (vergl. Zeitschrift für Gesetzgebung und Rechtspflege des Königreich Bayern Bd. 10 S. 29, 151, 487; Bd. 12 S. 491, 586) auf Seite der, insbesondere

aber, zufällig diesen entkommen, in Preussen zur Strafe gezogen worden wäre.

Anders hingegen nach der von uns vertretenen Theorie. Dieser zufolge wäre Bayern **strafrechtlich** — abgesehen natürlich von den Bestimmungen des Art. 74 der R.V. — ebensogut für Preussen Ausland gewesen als dieses für jenes.

Somit führen nicht allein die theoretische Betrachtung, sondern auch die für praktische Fälle sich ergebenden Konsequenzen zu dem Schlusse, dass im Sinne des deutschen St.G.B. der Begriff Inland erst vom 1. Januar 1872 an das ganze Gebiet des Deutschen Reiches umfasste.

§ 12.

ββ) **Insbesondere auf die Lehre vom Rückfall.**

Fraglich ist nun wiederum, ob die so gewonnene Bedeutung dieses Begriffes anzuwenden sei, so oft sich im St.G.B. das Wort Inland findet, oder ob auch hier mit Unterscheidung zu verfahren und die Zeit vor und nach dem 1. Januar 1872 auseinanderzuhalten sei.

Wir haben schon angedeutet, dass wir nicht mit der, auch von den Kommentatoren[1] und den meisten sonstigen Schriftstellern[2] gebilligten Praxis[3] übereinstimmen, welche

---

von C. Barth, das St.G.B. für das Königreich Bayern, ad art. 13 Nr. 3 und Hocheder in den Blättern für Rechtsanwendung, zunächst in Bayern Bd. 28 S. 65 ff., 81 ff., 97 ff. vertretenen Meinung, dass im Sinne des bayer. St.G.B. und dessen Art. 276 und nach der Intention der Gesetzgebung ausländische Urtheile bei Feststellung des Rückfalles **nicht zu berücksichtigen** waren. — Das gleiche gälte übrigens mut. mutand. für Württemberg.

[1] Oppenhoff ad § 8 Note 4, ad § 244 Note 1; Schwarze S. 204 u. 612; Rüdorff ad § 244 Note 4; Hahn S. 314.

[2] S. in Stenglein's Zeitschrift Bd. I S. 83 ff.; Schütze, Lehrbuch S. 439 (§ 92 Note 18); Merkel in von Holtzendorff's Handbuch des Strafrechts Bd. III S. 688; Fuchs a. a. O.; Otto a. a. O.; Geyer in v. Holtzendorff's Encyklopädie, II. Th. (Rechtslexikon), s. v. „Rückfall" (S. 504 Nr. 1557 der 2. Aufl.).

[3] Vergl. die Erkenntnisse der Obertrib. Berlin in Goltd. Arch. Bd. 19 S. 412, des O.A.G. Dresden ebenda S. 606 (auch in den Annalen des sächsischen O.A.G. N. F. Bd. 8 (1871) S. 301 und Stenglein I S. 23),

auch dann einen Dieb als rückfällig betrachtet, wenn er **vor** der Geltung des nunmehrigen weiten Umfanges des Inlandsbegriffes in einem unter diesen fallenden Lande bestraft worden und nun neuerdings wegen eines (dritten) Diebstahls abzuurtheilen ist.

Nur von Stemann[4]) hat unseres Wissens den Versuch gemacht, gegen den Strom der herrschenden Meinung zu schwimmen, jedoch mit Rücksicht auf Erwägungen allgemeiner Natur nicht die richtigen Schlüsse aus seinen guten Gegengründen gezogen. Wenn wir nun trotzdem es unternehmen, seiner Bahn zu folgen und die einmal gewählte Richtung auch beizubehalten, so hoffen wir, durch die Stärke unserer Gründe zu ersetzen, was uns an Stütze durch Autoritäten abgeht.

Wir haben bereits oben, bei Untersuchung der Folgen einer Inkorporation für die vorliegende Frage, unseren Standpunkt dahin präzisirt, dass wir rein **staatsrechtlichen** Vorgängen nicht die Kraft zusprechen können, bereits längst rechtskräftig gewordenen Urtheilen nachträglich eine Eigenschaft zu verleihen, deren Besitz man ihnen vorher hartnäckig abgesprochen hat. Die Inkonsequenz, welcher man sich durch ein solches Verfahren schuldig macht, findet eine treffende Illu-

---

des O.A.G. Jena bei Stenglein I S. 183, des O.A.G. Berlin in Goltd. A. Bd. 20 S. 81 (auch bei Oppenhoff, Rechtsprechung Bd 13 S. 141), des O.A.G. Dresden bei Stenglein II 108 und des Oberhofgerichtes Mannheim (Annalen der grossh. badischen Gerichte Bd. 38 [1872] S. 305.

Es ist diese Praxis umsomehr zu verwundern, als für die Frage, ob ein in einem früher zum Ausland, neuerdings zum Inlande gehörenden Lande begangenes Verbrechen bestraft werden könne, das Obertribunal richtig das Recht **zur Zeit** und am Orte der That als entscheidend erklärt hat. — S. Goltd. A. Bd. 20 S. 179 und Oppenhoff, Rechtsprechung Bd. 13 S. 126.

[4]) Gerichtssaal Bd. 23 (1871) S. 413 ff.; Ortloff (a. a. O.) kann nicht hieher gezählt werden, da er zwar nicht, wie die herrschende Lehre, ohne jede weitere Unterscheidung, aber doch auch insoferne die Anwendung des Inlandsbegriffes der letzten Entwicklungsphase auf die Vergangenheit fordert, als er mit Rücksicht auf die staatsrechtlichen Zustände für die Staaten des ehemaligen Norddeutschen Bundes das Jahr 1867 (genauer den 1. Juli), für die übrigen Theile des Reiches aber das Jahr 1871 als Anfangspunkt betrachtet wissen will.

stration in dem bereits erwähnten Erkenntnisse des preussischen Obertribunals [5]). Dieses führt gegen württembergische und badische Erkenntnisse alle die Gründe auf, welche sich gegen die Berücksichtigung ausländischer Urtheile geltend machen lassen, und kommt natürlich auch zu dem Resultate, dass diese Erwägungen auf sie Anwendung zu finden haben. Nun sind aber für die Gerichte beider Staaten die Grundlagen bis zum 1. Januar 1872 absolut dieselben geblieben, wie zur Zeit der fraglichen Urtheile, da das badische Strafrecht seit 1851, das württembergische seit 1855 keine Abänderung mehr erfahren hat. Stand nun das Obertribunal nicht auch schon am 7. Oktober 1858 Urtheilen gegenüber, „die von deutschen Gerichten in deutscher Sprache auf Grund deutscher der deutschen Wissenschaft entsprungener Gesetze gefällt" [6]) waren? Und hat es nicht trotzdem — übrigens auf dem Standpunkte des preussischen Rechts vollkommen korrekt — dieselben als unzuverlässig erklärt? Sind dieselben etwa auf einmal dadurch anders geworden, dass am 1. Juli 1867 die Verfassung des norddeutschen Bundes, am 1. Januar, resp. 4. Mai 1871 die Reichsverfassung oder am 1. Januar 1872 das gemeinsame Strafgesetzbuch in Kraft getreten ist? Und wie stellt sich die Sache gar rücksichtlich der in Elsass-Lothringen auf Grund des code pénal Sciteus französischer Gerichte bis 1870 ergangenen Urtheile?

Passt etwa auf diese auch die eben gehörte Häufung von Prädikaten der Deutschheit?

Wenn man auf diese Fragen, wie nicht anders möglich, mit Nein antwortet, so ist die Unrichtigkeit der Praxis zugestanden. Ebendazu führen aber noch weitere Gründe.

Es wurde oben bereits betont, dass zur Ausschliessung ausländischer Urtheile von der Anrechnung auch die Erwägung mitgewirkt hat, dass die Gerichte der verschiedenen Staaten von verschiedenen Strafgesetzen ausgegangen und ihren Urtheilen daher verschiedene Begriffe zu Grunde gelegen seien.

---

[5]) Goltd. Arch. Bd. 6 (1858) S. 841.
[6]) Siehe S. bei Stenglein Bd. I S. 35.

Wir erkannten sowohl dies als die daraus gezogene Konsequenz als richtig, dass eine Vergleichung der Strafen und darum auch eine Gleichstellung der Urtheile absolut unthunlich sei.

Alles Dieses gilt nun aber auch, und noch dazu in erhöhtem Masse, für die vor der totalen Gemeinschaftlichkeit des R.St.G.B. gesprochenen Urtheile.

Man vergleiche nur die in der Anlage I zu den Motiven des Strafgesetzentwurfes für den norddeutschen Bund[7]) gegebene Uebersicht über die Definitionen von Diebstahl, Raub, Hehlerei und Betrug in den verschiedenen deutschen sowie in der französischen Gesetzgebung, und man wird keinen Augenblick mehr zweifeln, dass man Erkenntnisse, die auf so grundsätzlich auseinandergehenden Begriffen basiren, unmöglich einander gleichstellen kann.

Ausserdem kommt neben den schon oben ausgeführten Bedenken noch eine weitere Verschiedenheit gegenüber jenen Verhältnissen in Betracht, unter welchen die zweimalige Einführung des preussischen Strafgesetzbuches erfolgt ist. Die preussische Gesetzgebung hat es in den Jahren 1851 und 1866, resp. 1867 für erforderlich gehalten, in den Einführungserlassen anzuordnen, dass auch die vorausgehenden Zeiten in Berücksichtigung zu ziehen seien. Mag uns nun diese gesetzliche Fiktion angemessen erscheinen oder nicht, so war sie doch vorhanden und gewährte der sich daran anschliessenden Praxis einen positiven Anhaltspunkt. Dergleichen lag und liegt aber nicht vor hinsichtlich der Rückfallbestimmungen des R.St.G.B.; und doch bilden die §§ 8, 244, 250, 261 und 264 lediglich ebenso einen Bestandtheil desselben als seiner Zeit die §§ 58—60 des preussischen St.G.B. von diesem.

Der Mangel einer solchen Einführungsbestimmung, wie sie zweimal für die letzteren gegeben wurde, machte die An-

---

[7]) Vergleichende Zusammenstellung strafrechtlicher Bestimmungen aus deutschen und ausserdeutschen Gesetzgebungen S. CXXIV ff. (Verhandlungen des Reichstages des Norddeutschen Bundes 1870 Bd. III (Drucksachen) zu Nr. 5 Anl. 1.

wendung der einschlägigen Vorschriften des R.St.G.B. auf Vorfälle vor seiner allgemeinen Geltung und die Heranziehung solcher zu einer rechtlichen Unmöglichkeit. Dass das letztere „in § 244 u. s. w. ohne weitere Unterschiede eine zweimalige Vorbestrafung im Inlande voraussetzt"[8]), ist für die Entscheidung unserer Frage ganz belanglos. So lange nicht ein Gesetz bestimmt, dass auch die frühere Zeit mit in Betracht zu ziehen sei, gilt es nur für die Zukunft und ist es jeglicher rückwirkenden Kraft bar.

Eine solche Rückwirkung wurde aber trotzdem angenommen. Zwar nicht für die §§ 244 u. s. w. — denn bezüglich dieser wurde richtig bemerkt, dass es sich ja nur um ihre Anwendung auf (die neuen abzuurtheilenden) Verbrechen handle, welche bereits unter der Herrschaft des neuen St.G.B. verübt worden sind —, wohl aber für den, ebenfalls einen, und zwar höchst wesentlichen Theil des R.St.G.B. bildenden, — weil dessen Geltungsgebiet bestimmenden — § 8. Wenn dieser mit Wirkung vom 1. Januar 1872 an unter Inland „im Sinne dieses St.G.B." das ganze Gebiet des Deutschen Reiches verstand, so konnte dieser Begriff, ohne ausdrückliche gegentheilige Bestimmung, eben auch erst von jenem Tage an in dieser seiner umfangreichen Bedeutung Anwendung finden. Erst von diesem Termine an waren dann die verschiedenen deutschen Lande allgemein als Inland anzusehen, erst von da an hatten sie diese Eigenschaft. Was vorher geschehen, war dem gegenüber in einem Lande erfolgt, auf welches zur Zeit des Vorfalles jene Qualifizirung nicht zutraf und also auch nicht bezogen werden darf.

Man missverstehe uns aber nicht. Wir wollen nicht vielleicht das ganze Sündenregister der Verbrecher streichen, soweit es in die Zeit vor 1872 zurückreicht; wir wollen demselben nur nicht mehr zurechnen lassen, als das Gesetz will und vorschreibt.

Handelt es sich also z. B. um Delikte, welche in dem-

---

[8]) Schwarze, Commentar S. 204.

selben Staate als die vorausgehenden oder aber in einem Staate begangen wurden, welcher zu jener Zeit, nach den verschiedenen Entwickelungsstadien des Inlandsbegriffes, für das nunmehr aburtheilende Land bereits unter denselben fiel, so muss allerdings die erfolgte Vorbestrafung wegen derselben berücksichtigt werden. Für ersteres ist die, hier allerdings am richtigen Platze zu beachtende, Kontinuität der Rechtsordnung und der Landeshoheit — da bezüglich dieser absolut keine Veränderung eintrat —, für letzteres die Einheit und Gemeinsamkeit des zu Grunde liegenden Strafgesetzbuches massgebend.

Hiernach gestaltet sich uns für die Beantwortung der Frage, ob ein Rückfallsverbrechen vorliege, die Sache folgendermassen:

I. Wurde das neue Delikt in demselben Staate begangen, welcher die Vorstrafen vollzogen hat, so ist Rückfall gegeben;

II. Wurde das neue Delikt aber in einem anderen Bundeslande als dem vorher strafenden begangen, so ist zu prüfen, ob das nunmehr aburtheilende Gericht einem Staate angehört, der schon zu der Zeit der Vorbestrafung zugleich mit jenem unter den Begriff Inland fiel; nur im Falle eines bejahenden Resultates darf die Rückfallsstrafe ausgesprochen werden.

Hiebei sind folgende Stadien zu unterscheiden:

1. Vom 1. Januar 1871 an[9]) hatten und haben sich gegenseitig die Länder des norddeutschen Bundes und Hessen,

2. vom 1. Oktober 1871 [10]) diese und Elsass-Lothringen, und

---

[9]) Wohl nicht mit Recht setzt Rubo, Commentar S. 176 in dieser Richtung für Hessen und den Bund verschiedene Anfangspunkte, nämlich den 1. und 14. Januar 1871, letzteren deshalb, weil der Verfassungsvertrag für den Bund erst an diesem Tage, als den 14. nach dessen Verkündung, Gesetzeskraft erhalten habe. Die „Wirksamkeit dieser Verfassung" (Art. 80) wird ja immer auf den 1. dess. Mts. zurückdatirt.

[10]) auf Grund des in Note 5 citirten Gesetzes vom 9. Juni 1871.

3. vom 1. Januar 1872 sämmtliche Theile des Deutschen Reiches als Inland zu betrachten.

cc. Gegenseitiges Verhältniss der deutschen Bundesländer zu einander.

§ 13.

aa) Im Hinblick auf § 79 des R.St.G.B.

In den gegenwärtigen Verhältnissen, die aber mit dem immer näher rückenden Anfangstermine der Wirksamkeit der neuen Justizgesetze ihr Ende finden werden, ist eine Schwierigkeit begründet, welche sich bei Anwendung einer reichsrechtlichen Bestimmung schon öfter ergeben hat[1]) und sich täglich wiederholen kann.

Dieselbe ist darauf zurückzuführen, dass die einzelnen deutschen Bundesländer strafprozessual einander noch als Ausland gegenüberstehen, und ihr wechselseitiger Verkehr nur vermittelst des noch auf völkerrechtlichen[2]) statt staatsrechtlichen Prinzipien beruhenden Rechtshilfegesetzes geregelt ist.

Wenn nämlich in dem von § 79 des R.St.G.B. vorgesehenen Falle die erste Strafe von dem Gerichte eines anderen Bundesstaates ausgesprochen wurde als desjenigen, dessen Gericht mit der späteren Aburtheilung des vorausgegangenen Deliktes befasst ist, so entsteht die Frage, ob das letztere Gericht befugt ist, die erstausgesprochene Strafe gegebenen Falls in eine dem Grade nach höhere zu verwandeln. Umgekehrt kann es auch vorkommen, dass das an zweiter Stelle urtheilende Gericht nicht die Kompetenz zur Verhängung einer Strafe so hohen Grades besitzt, als die vorausgehende, von dem Gerichte eines anderen Bundeslandes ausgesprochene ist. Unter solchen Umständen ist die Anwendung des allegirten § in hohem Masse erschwert, da für die gegenwärtige Zeit Bestim-

---

[1]) Vergleiche zwei Erkenntnisse des Obertribunals Berlin in Oppenhoff's Rechtsprechung Bd. 18 (1877) S. 285 und 521.

[2]) Vergl. die Motive zu den §§ 133 und 134 des Entwurfes zum Gerichtsverfassungsgesetze.

mungen über das dabei einzuhaltende Verfahren gänzlich ermangeln ³).

In ziemlich erschöpfender Weise und mit befriedigenden Resultaten, welche aber nur vermittelst einer ziemlich gewagten Interpretation gewonnen werden konnten, hat Cadenbach für die badischen Verhältnisse die einschlägigen Fragen besprochen und dabei folgende Regeln aufgestellt.

1. Dasjenige Gericht, welches die schwerere Strafe ausspricht, hat auch über die Gesammt-, beziehungsweise Zusatzstrafe zu erkennen;
2. Ist dieses Gericht das eines anderen Bundesstaates, so tritt das nach der Gerichtsverfassung entsprechende inländische an seine Stelle.

Vom 1. Oktober 1879 an werden die §§ 2, 3, 4 und 13 mit 198, 205, 207 und 270, sowie 492 und 494, Abs. 3 der deutschen Strafprozessordnung neben den §§ 157 und 163 ff. des Gerichtsverfassungsgesetzes über alle diese Führlichkeiten hinwegführen, da von da an die Gerichte der einzelnen Bundesländer eine über das ganze Deutsche Reich sich erstreckende Gerichtsgewalt besitzen und nicht mehr an der Grenze ihrer resp. Staaten Halt machen müssen ⁴).

An diesem Tage verschwindet für den Rechtsverkehr innerhalb des Deutschen Reiches auch der prozessuale Begriff Ausland, dessen Einfluss auf den § 79 des R.St.G.B. wir eben kennen gelernt haben.

§ 14.
ββ) Bezüglich politischer Verbrechen.

Andere Unterscheidungen zwischen den einzelnen Bundesländern, und zwar ganz und gar auf dem Gebiete des Straf-

---

³) Vergl. hiezu Oppenhoff, Commentar ad § 79 Nr. 17; Schwarze in Goltd. Arch Bd. 22 (1874) S. 14 ff. und Commentar S. 307; Rüdorff, Commentar ad § 79 Nr. 4 (S. 228); Cadenbach in den Annalen der badischen Gerichte Bd. 38 (1872) S. 331 ff.; Olshausen a. a. O. S. 43 ff.; — Merkel in v. Holtzendorffs Handbuch Bd IV S. 233 ff.

⁴) Vergl. die Motive zu den §§ 127—138 und 133, 134 des Entwurfes zum Gerichtsverfassungsgesetze.

rechtes, werden auch über diese Zeit hinaus bestehen bleiben und bleiben müssen, weil sie in der innersten Natur des Reiches ihre Lebensquelle haben.

Wir meinen die in den §§ 80 und 81, sowie 94—97 des R.St.G.B. durchgeführte Auseinanderhaltung der Delikte gegen den eigenen oder des Aufenthaltsortes Landesherrn, welchem immer der Kaiser gleichgestellt ist, und solchen gegen einen anderen Bundesfürsten. Diese Bevorzugung des eigenen etc. Landesherrn erklärt sich und stützt sich mit Recht auf das demselben gegenüber bestehende, dauernde und beziehungsweise temporäre, Subjektionsverhältniss.

Die Aufnahme von Strafbestimmungen zum Schutze der Einzelstaaten in das Gesetzbuch hat theilweise heftige Aufeindung erfahren [1]), unserer Ansicht nach aber mit Unrecht.

Sie findet ihre vollständige Rechtfertigung in der Art der Entstehung des Deutschen Reiches der Gegenwart. Gebildet durch den freiwilligen Zusammentritt der in ihm vereinigten Fürsten und Staaten, die in der vorausgehenden Periode selbstständig gewesen und nicht, wie dies im heiligen römischen Reiche deutscher Nation der Fall gewesen war, erst einem langsamen Verwesungsprozess des Gesammtstaates entsprungen, zu immer gefährlicheren Feinden desselben herangewachsen sind, hat es ein reges Interesse daran, dass seine Bestandtheile in dem Zustande des Wohlbefindens verbleiben, zu dessen Erhaltung und Pflege sie sich verbunden haben.

Die Existenzberechtigung der Einzelstaaten, welche im alten Reiche mit Recht, aber ohne Erfolg Seitens der Centralgewalt angefeindet wurde, musste im neuen Reiche, wie bereits in der Verfassung desselben, so auch in seinem Strafkodex, hier natürlich durch Strafdrohungen für etwaige Angriffe auf dieselbe, zur rechtlichen Anerkennung gelangen.

---

[1]) Vergl. Heinze, Erörterungen S. 61 ff., S. 91 ff. und S. 107 ff.; Zum revidirten Entwurf eines St.G.B. S. 24 ff.; S. in v. Holtzendorff's Strafrechtszeitung 1869 S. 113 ff.; Berner, Kritik des Entwurfes eines St.G.B. f. d. Nordd. Bund S. 45 ff.; John a. a. O. S. 315 ff. und in v. Holtzendorff's Handbuch Bd. III S. 5 ff.

Dass dies in den beiden andern erwähnten modernen Bundesstaaten nicht in gleicher Weise geschehen ist, scheint uns nicht gerade unter die Vorzüge derselben zu gehören.

Auf die gleiche Stufe stellen wir das in der schweizerischen Verfassung (von 1848, Art. 55 und von 1874, Art. 67) sich findende Verbot der Auslieferung politischer Verbrecher an einen anderen der verbündeten Staaten, sowie die Bestimmung des Art. 1 des eidgenössischen Bundesgesetzes vom 24. Juli 1852, nach welcher die Auslieferung von Personen, die in einem Kantone verbürgert oder niedergelassen sind, verweigert werden kann, wenn der Kanton sich verpflichtet, dieselben nach seinen Gesetzen beurtheilen und bestrafen, oder eine bereits über sie verhängte Strafe vollziehen zu lassen.

Der innigen Verbindung, in welcher die Staaten mit und zu einander stehen, dürften die Bestimmungen der amerikanischen Konstitution, Art. IV, s. 2. cl 2., und der §§ 157—168 des deutschen Gerichtsverfassungsgesetzes — welche in Bälde an die Stelle der auf einer mehr noch völkerrechtlichen Basis stehenden §§ 21 ff. des Rechtshilfegesetzes von 1869 treten werden, soweit dieselben nicht schon mit der Einführung des R.St.G.B. weggefallen sind — weit besser entsprechen.

Die Möglichkeit einer Verschiedenheit und Kollision der Interessen der einzelnen Bundesstaaten endlich sehen die §§ 81, Ziffer 4, und 92 des R.St.G.B. vor. Auch gegen diese Bestimmungen, deren letztere auch nach allgemeiner Anerkennung[2]) auf das Verhältniss unter den einzelnen Bundes-

---

[2]) John in v. Holtzendorff's Handbuch Bd. III S. 53 ff.; Heinze, revid. Entwurf S. 24 ff.; Rüdorff, Commentar ad § 92 Nr. 3 (S. 239); Oppenhoff, Commentar ad § 92 Nr. 1; Schwarze, Commentar S. 319 und 328. — Die Abänderung des im preuss. St.G.B. (§ 71) gebrauchten Wortes „fremde" in „andere" muss, da gerade die Beibehaltung jenes im Munde der Reichsgesetzgebung eine prägnante, nach Aussen des Reiches verweisende Bedeutung besessen hätte, zu dieser Auslegung führen, zumal da auch in § 81 Ziffer 4, und hier ebenfalls unter Gebrauch des Wortes

ländern anwendbar ist, wurden, wie uns bedünkt ungerechtfertigte, Angriffe erhoben ³).

Dieselben gipfelten darin, dass es ein Unding sei, etwa einmal den Gerichten eines Bundeslandes zuzumuthen, über die eigene Regierung, die sich zum Nachtheile eines anderen Bundesstaates mit dem Verbrecher in Verbindung gesetzt hat, ein vernichtendes Urtheil zu fällen. Allein abgesehen davon, dass durch unsere Gerichtsverfassung garantirte Unabhängigkeit der Gerichte die gerechte Beurtheilung der bundeswidrigen Handlungen einer Landes-Regierung durch dieselben auf Grund des Reichsrechtes erwarten liesse, so könnte ja auch der betroffene Staat auf dem Wege der Rechtshilfe eine Bestrafung des Schuldigen durch andere Gerichte als die des betheiligten Staates erlangen.

Jedenfalls entspricht es der publica honestas, wenn das Reich ein hinterlistiges Verhalten gegen ein anderes Bundesland mit Strafe bedroht. Hiezu war es schon deshalb veranlasst, weil, wenn „die Angehörigen verschiedener Bundesstaaten gleichsam Glieder einer Familie sind, die in verschiedenen Häusern wohnen"⁴), es Sache des Familienhauptes ist, für die Beilegung allenfallsiger Zwistigkeiten Vorsorge zu treffen.

§ 15.
β. Inland im Sinne des Landesstrafrechts.

Trotzdem nunmehr bereits seit mehreren Jahren der strafrechtliche Begriff „Inland" unbestreitbar das ganze Bundes-Gebiet umfasst, kann auch ausser den bisher besprochenen Fällen die Frage entstehen, ob nicht doch noch innerhalb des Reiches hie und da von Inland und Ausland gesprochen

---

„andere", die Möglichkeit einer Divergenz der Interessen und Bestrebungen der verschiedenen Bundesstaaten anerkannt ist.

³) Heinze, Erörterungen S. 64 ff.; revidirter Entwurf S. 24 ff.; Laband a. a. O. S. 147.

⁴) wie Goose in v. Holtzendorff's Strafrechtszeitung 1868 Sp. 364 sich ausdrückt.

werden müsse. Liest man die Motive zu den §§ 1—15 des Entwurfes der deutschen Strafprozessordnung [1]) oder die Ausführungen Hüberlin's [2]) und Nessel's [3]), so könnte man allerdings in der Ansicht bestärkt werden, dass nunmehr „kein Staat des Reiches im Verhältniss zu einem anderen Bundesstaate als Ausland zu betrachten sei", dass der Unterschied zwischen Inland und Ausland, Inländer und Ausländer innerhalb der Grenzen des Bundes weggefallen sei, und jeder Angehörige eines Bundesstaates in jedem anderen Bundesstaate als Inländer gelte, sowie dass „das Territorialprinzip auf die Bundesstaaten überhaupt gar keine Anwendung finde".

Allein es besteht für uns kein Zweifel darüber, dass an diesen drei Stellen für einen richtigen Gedanken nur eine zu allgemeine Fassung gewählt und nicht an die Konsequenzen gedacht wurde, welche aus dieser gezogen werden könnten.

Man hatte dabei nur das **Bundesstrafrecht** im Auge, für welches jene Sätze vollkommen angemessen sind, und übersah, dass neben jenem noch **Landesstrafgesetze** bestehen blieben, auf welche sie nicht passen.

Hiemit ist aber die Nothwendigkeit begründet, auf die Beschränktheit des Herrschaftsgebietes solcher Partikulargesetze besonders aufmerksam zu machen, und die von John [4]) gemachte Proposition gerechtfertigt, in das Bundesgesetzbuch eine diesbezügliche ausdrückliche Bestimmung aufzunehmen.

Nach der Natur der Sache und im Hinblicke auf unsere früheren Auseinandersetzungen bedarf es hier keiner weiteren Darlegung, dass für die **Landesstrafgesetze**, ihrem beschränkten Geltungsbereich entsprechend, der Begriff Inland

---

[1]) Verhandlungen des deutschen Reichstages 1874 Bd. III (Drucksachen zu Nr. 5) S. 131.

[2]) kritische Bemerkungen zu dem Entwurfe eines Straf-Gesetz-Buches für den Norddeutschen Bund (1869) S. 6 und 7.

[3]) Goltdammer's Aschiv Band 25 (1877) Seite 17.

[4]) Entwurf mit Motiven zu einem St.G.B. für den Norddeutschen Bund (1868) S. 24 u. 32.

sich nur auf den Staat erstreckt, dessen Gesetzgebung sie entsprungen sind.

So selbstverständlich dieser Satz erscheinen mag, ebensosehr ist er die Quelle verschiedener Kontroversen.

Für's Erste läugnet Heinze[5]) vollkommen dessen Berechtigung: „Ausland ist nur, was jenseits der Grenzen des Bundesgebietes liegt". Allein wie wenig richtig diese Aufstellung ist, geht daraus hervor, dass sie gerade gelegentlich der Frage gemacht wird, ob nicht die auf das Herrschaftsgebiet des R.St.G.B. bezüglichen Vorschriften desselben auch analog auf die einzelstaatlichen Gesetze angewendet werden können. Im Grunde genommen ist dies doch nichts Anderes als gerade die Anerkennung des Gegentheils der hiebei von Heinze aufgestellten Thesis. Zur Rechtfertigung derselben verweist er zwar auf den Unterschied zwischen den Bestimmungen des § 9 des R.St.G.B. und des § 23 des Rechtshilfegesetzes vom 21. Juni 1869.

Wenn nun auch vollkommen richtig ist, dass nach ersteren die Auslieferung eines Deutschen an eine ausländische Regierung unzulässig, während nach dem letzteren eine solche an eine andere deutsche Regierung nicht nur nicht verboten, sondern sogar geboten ist, selbst wenn es sich um einen eigenen Unterthanen des ausliefernden Staates handelt, so darf doch hiebei nicht ausser Acht gelassen werden, dass wir es bei dem Thema Auslieferung, wie schon oben einmal hervorgehoben, mit einer vorwiegend staatsrechtlichen Frage zu thun haben. Für das Strafrecht kann aber nichts destoweniger ein Gebiet — weil ausserhalb des Geltungsbereiches eines speziellen Gesetzes gelegen — Ausland sein, obwohl an dasselbe eine Auslieferung zulässig ist, weil es staatsrechtlich zum Inland zu rechnen ist.

Sie haben denn auch Theorie[6]) und Praxis[7]) keinen

---

[5]) Das Verhältniss des Reichsstrafrecht zum Landesstrafrecht S. 43 ff.

[6]) Schwarze, Commentar S. 211; Rubo S. 290; Berner, Lehrbuch § 128 a. E. (S. 262); Schütze, Lehrbuch § 20 Note 1 (S. 55).

[7]) Erkenntnisse des O.A.G. Berlin in Goltd. Archiv Bd. 20 S. 129 und 504, auch in Oppenhoffs Rechtsprechung Bd. 13 S. 75 und 521.

Anstand genommen, zu erklären, dass sich für die Anwendung von Landesstrafgesetzen der Begriff Inland nicht nach dem § 8 des R.St.G.B., der sich auf dieses allein beschränkt, sondern nach dem für dieselben noch fortbestehenden Gegensatze zwischen den einzelnen Bundesstaaten bemesse. Betont ja auch der allegirte § ausdrücklich, dass seine Begriffsbestimmung nur „im Sinne dieses Strafgesetzes" aufzufassen sei, und bringt hiemit in unzweideutiger Weise zum Ausdruck, dass der fragliche Begriff keine „Materie" im Sinne des § 2 Abs. 1 des Einf.Ges. zum R.St.G.B., also einer Modifizirung durch die Landesgesetzgebung für das ihr überlassene Gebiet nicht entzogen sei.

Wenn wir nun auch zu der zweiten Frage Stellung nehmen sollen, ob nämlich für die Landesstrafgesetze die Bestimmungen des R.St.G.B. in den §§ 3—6 in Anwendung zu bringen seien, so glauben wir, dass einem solchen Vorgehen, zunächst soweit es sich um Ausland im Sinne des Reichsrechtes handelt, ein gerechtes Bedenken nicht entgegengestellt werden kann.

Es meint zwar Rubo (S. 272), dass in Anbetracht des § 4, Abs. 2 des R.St.G.B., der nur von „den Strafgesetzen des Deutschen Reiches" spreche, wegen im Auslande begangener Handlungen „eine Verfolgung nach den Strafgesetzen eines Bundesstaates unstatthaft ist".

Allein vorher (S. 261) geht er selbst von der Ansicht aus, dass „es den Landesgesetzgebungen freigelassen ist, inwieweit sie rücksichtlich der Landesstrafgesetze das Territorialitäts- oder das Nationalitätsprincip zur Geltung bringen".

Es lässt sich wohl auch kein plausibler materieller Grund denken, weshalb der Gesetzgebung eines Bundeslandes das Recht entzogen sein sollte, rücksichtlich der in ihrer Kompetenz erlassenen Vorschriften anzuordnen, dass ihre speziellen Staatsangehörigen dieselben auch im Auslande beobachten sollen.

Von dieser Befugniss haben die meisten deutschen Landesgesetzgebungen bei Gelegenheit der Einführung des R.St.G.B.

In der Weise Gebrauch gemacht [8]), dass sie einfach die einschlägigen Grundsätze des gemeinsamen Gesetzbuches, ausdrücklich oder durch Ausserkraftsetzung ihrer vormaligen Bestimmungen, adoptirt haben.

Aber auch bezüglich der interterritorialen Verhältnisse innerhalb des Deutschen Reiches dürfte der analogen Anwendung der fraglichen Bestimmungen des R.St.G.B. auf die entsprechenden Fragen der Landesstrafrechte kein Hinderniss im Wege stehen [9]). Am wenigsten jedenfalls der von Heinze so sehr hervorgehobene Umstand, dass das R.St.G.B. das ganze Bundesgebiet als Einheit betrachtet und die §§ 3 ff. desselben nur Inland und Inländer im Sinne dieser Einheit kennen. Denn wenn von einer analogen Anwendung jener Gesetzesstellen auf Vorschriften mit beschränktem Geltungsbereiche die Rede ist, so versteht es sich auch von selbst, dass die Begriffe derselben in entsprechender Beschränktheit aufgefasst werden müssen.

Im Uebrigen sind natürlich auch wir der Ansicht, dass hiebei die Ziff. 1 und 2 des § 4 von selbst ausser Betracht bleiben, wie wir auch ferner die Rücksichtnahme auf das mildere Gesetz des Thatortes sowie eine möglichst ausgedehnte Anwendung des Territorialprinzips auf die Landesstrafgesetze wünschen. Insbesondere würden wir es deshalb für zu weit gehend erachten, wollte man — was von Gross [10]) lediglich als eine „Consequenz der Vereinigung der Staaten zu einem Bundesstaat" ansieht — polizeiliche Vergehungen, welche in einem Partikularstaate des Bundes begangen werden, nach denjenigen Gesetzen oder Strafdrohungen, welche am Ort der begangenen

---

[8]) Vergl. das bayer. Vollzugs-Einführungsgesetz vom 26. Dezember 1871, das württembergische Gesetz dess. Betr. v. 27. dess. Mts.; das badische Gesetz dess. Betr. vom 23. ejusd., das hessische Gesetz dess. Betr. vom 13. Oktober 1871, das anhaltinische Gesetz dess Betr. v. 30. Dezbr. 1870.

[9]) So auch Oppenhoff, Commentar ad § 4 Nr. 35; ad § 5 Nr. 4; dagegen Heinze, Reichsstrafrecht und Landesstrafrecht, S. 42 ff. und in v. Holtzendorff's Handbuch Bd. II S. 18.

[10]) Gerichtssaal Bd. 21 S. 262.

That gelten, auch in den anderen Staaten des Bundes bestrafen.

Da wir Heinze auch bezüglich der analogen Anwendbarkeit des § 6 des R.St.G.B. beistimmen, so betrachten wir ebenso, wie der bereits einmal angezogene Autor in der Strafrechtszeitung [11]) entgegen der von John [12]) und Edel [13]) vertretenen Ansicht die zwischen den einzelnen Bundesstaaten abgeschlossenen Verträge über Bestrafung von im Auslande (nach der Auffassung des Landesstrafrechtes) verübten Uebertretungen noch zu Recht bestehend.

Die Schöpfung des deutschen Reiches machte diese Konventionen nach keiner Richtung, die Einführung des R.St.G.B. nur für die in demselben geregelten Materien überflüssig. Soweit hingegen die Kompetenzsphäre des Landesstrafrechts reicht, sind dieselben natürlich nicht von selbst aufgehoben, im Gegentheil geradezu unentbehrlich.

Sie bieten die Möglichkeit, solche Handlungen nicht nur am. forum delicti commissi unter gleichzeitiger oder nachfolgender Anrufung der Verpflichtung zur Rechtshilfe, sondern auch am forum domicilii zu verfolgen, woran unter Umständen der Heimathsstaat ein lebhaftes Interesse haben kann.

Erforderlich bleibt hiebei nur eine genaue Prüfung, ob zwischen den partikularrechtlichen Bestimmungen der einzelnen Bundeslande nicht blos eine scheinbare, sondern wirkliche Uebereinstimmung bestehe. Bei der schon oft von uns betonten lokalen Bedeutung und Färbung derselben ist in dieser Richtung die grösste Sorgfalt anzuempfehlen.

§ 16.
γ. Inland im Sinne der Blankett-Straf-Gesetze.

Alles dieses hat auch Anwendung zu finden auf das Landesstrafrecht, welches unter der Firma des Reichsstraf-

---
[11]) 1869 (Bd. 9) Sp. 151.
[12]) a. a. O. S. 30.
[13]) Das Polizeistrafgesetzbuch für das Königreich Bayern v. 26. Dezember 1871 S. 21 Note 6.

rechtes auftritt, auf die von Binding[1]) treffend als „Blankettstrafgesetze"[2]) bezeichneten Strafdrohungen, welche ihre materiellen Voraussetzungen erst durch partikuläre, meist sogar nur von den Polizeiorganen zu erlassende, Vorschriften erhalten[3]).

Bei Betrachtung derselben tritt vor Allem ein starker Zweifel darüber auf, ob es angemessen war, derartige Bestimmungen von Reichswegen aufzustellen[4]).

In einem Einheitsstaate, dessen Polizeirecht gesetzlich geregelt ist, wird die Erlassung solcher Blankettbestimmungen nicht selten nothwendig, damit die Polizeibehörden im Bedürfnissfalle für ihre Anordnungen die vorgeschriebene gesetzliche Grundlage haben. Anders dagegen im zusammengesetzten, im Bundesstaat. Hier besteht neben der gemeinsamen Legislative, noch die gesetzgebende Gewalt der Gliedstaaten. Diese kann selbst die Bedürfnisse ihres Einzelstaates, und zwar alsbald in einer den Verhältnissen völlig entsprechenden Weise, auf gesetzlichem Wege befriedigen. Eine gemeinsame Gesetzgebung ist, wie Schwarze im verfassunggebenden Reichstage[5]) richtig bemerkte, nur soweit berechtigt, als auch in der That ein gemeinsames Bedürfniss dazu vorhanden ist. Wo aber die genauere Bezeichnung, die Substantiirung der strafbaren Handlungsweise den Organen der Einzelnstaaten überlassen wird, ist entweder überhaupt kein gemeinsames oder höchstens ein in verschiedenen Theilen des Reiches verschiedenartig auftretendes Bedürfniss vorhanden, und hätte man deshalb besser der Landesgesetzgebung das Feld geräumt, die für derartige Fragen den nächsten Beruf hat.

---

[1]) Die Normen und ihre Uebertretung Bd. I S. 74 ff.

[2]) Heinze, Reichs- und Landesstrafrecht S. 56, bezeichnet dieselben als „blinde Strafdrohungen".

[3]) Vergl. z. B. Gewerbeordnung vom 22. Juni 1869 § 149 Ziff. 6; R.St.G.B. § 327; 328; 360 Ziff. 2, 9, 12; 361 Ziff. 6; 365; 366 Ziff. 1, 10; 367 Ziff. 2, 3, 4, 5, 9, 14, 15; 368 Ziff. 1, 2, 8; 369 Ziff. 3.

[4]) Vergl. hiezu Binding, der Entwurf etc. S. 5 ff., Normen Bd. I S. 74 ff.; Heinze, Erörterungen S. 94 ff.

[5]) Stenograph. Bericht S. 234.

Eine solche Selbstbeschränkung wäre der Reichsgesetzgebung um so näher gelegen, als sich die von solchen Strafbestimmungen angedrohte Strafe ohnehin gewöhnlich innerhalb der von dem Einführungsgesetze (§ 5) der Partikulargesetzgebung offen gelassenen Sphäre bewegt.

Ein nachahmungswerthes Beispiel hat hier von jeher und auch so in dem neuen Entwurfe[6]) die Gesetzgebung der Niederlande, also eines **Einheitsstaates**, gegeben, die bei Behandlung der Uebertretungen der Autonomie der Provinzen und Gemeinden die rücksichtsvollste Schonung angedeihen liess. In erhöhtem Grade natürlich wäre eine derartige Zurückhaltung für einen Bundesstaat gegenüber der Gesetzgebungsgewalt der Gliedstaaten angemessen gewesen.

Es tritt dies auch bei der praktischen Würdigung solcher Blankettgesetze zu Tage. Da es bei ihnen möglich ist, dass der eine Staat dieses, der andere jenes unter die normirte Strafdrohung stellt, da in dem einen Staate erlaubt sein kann, was in dem andern unter dem Schutze einer **reichsrechtlichen** Strafbestimmung steht, so macht sich in der That unter dem Scheine der Rechtseinheit die Rechtsverschiedenheit und -Mannigfaltigkeit breit.

In Folge des letzteren Umstandes qualifiziren sich die zur Ausfüllung der Blankette getroffenen Anordnungen als partikuläre; weshalb für sie auch der partikularrechtliche Begriff Inland der allein richtige und massgebende ist.

So stehen wir vor dem Resultate, dass ohne Noth die Veranlassung dazu gegeben worden ist, dass bezüglich einer formell vom Reiche ausgegangenen Bestimmung ein Bundesland gegenüber dem anderen als Ausland zu betrachten ist.

---

[6]) Vergleiche die Motive zu demselben S. 364 ff.